马克思主义简明读本

宗教的幻象

丛书主编：韩喜平

本书著者：方 杲

编 委 会：韩喜平 邵彦敏 吴宏政
王为全 罗克全 张中国
王 颖 石 英 里光年

吉林出版集团股份有限公司

图书在版编目（CIP）数据

宗教的幻象 / 方杲著. -- 长春：吉林出版集团股份有限公司，2014.4
（2021.2重印）
（马克思主义简明读本）

ISBN 978-7-5534-4087-3

Ⅰ.①宗… Ⅱ.①方… Ⅲ.①马克思主义—宗教学—研究 Ⅳ.①B920

中国版本图书馆CIP数据核字（2014）第054282号

宗 教 的 幻 象
ZONGJIAO DE HUANXIANG

丛书主编：	韩喜平	
本书著者：	方　杲	
项目策划：	周海英　　耿　宏	
项目负责：	周海英　　耿　宏　　宫志伟	
责任编辑：	陈　曲	
出　　版	吉林出版集团股份有限公司	
发　　行	吉林出版集团社科图书有限公司	
电　　话	0431-81629720	
印　　刷	永清县晔盛亚胶印有限公司	
开　　本	710mm×960mm　1/16	
字　　数	100千字	
印　　张	12	
版　　次	2014年4月第1版	
印　　次	2021年2月第4次印刷	
书　　号	ISBN 978-7-5534-4087-3	
定　　价	36.00元	

如发现印装质量问题，影响阅读，请与出版方联系调换。

序　言

习近平总书记指出，青年最富有朝气、最富有梦想，青年兴则国家兴，青年强则国家强。青年是民族的未来，"中国梦"是我们的，更是青年一代的，实现中华民族伟大复兴的"中国梦"需要依靠广大青年的不断努力。

要提高青年人的理论素养。理论是科学化、系统化、观念化的复杂知识体系，也是认识问题、分析问题、解决问题的思想方法和工作方法。青年正处于世界观、方法论形成的关键时期，特别是在知识爆炸、文化快餐消费盛行的今天，如果能够静下心来学习一点理论知识，对于提高他们分析问题、辨别是非的能力有着很大的帮助。

要提高青年人的政治理论素养。青年是祖国的未来，是社会主义的建设者和接班人。党的十八大报告指出，回首近代以来中国波澜壮阔的历史，展望中华民族充满希望的未来，我们得出一个坚定的结论——实现中华民族伟大复兴，必须坚定不移地走中国特色社会主义道路。要建立青年人对中国特色社会主义的道路自信、理论自信、制度自信，就必须要对他们进行马克思主义理论教育，特别是中国特色社会主义理论体系教育。

要提高青年人的创新能力。创新是推动民族进步和社会发展的不竭动力，培养青年人的创新能力是全社会的重要职责。但创新从来都是继承与发展的统一，它需要知识的积淀，需要理论素养的提升。马克思主义理论是人类社会最为重大的理论创新，系统地学习马克思主义理论有助于青年人创新能力的提升。

要培养青年人的远大志向。"一个民族只有拥有那些关注天空的人，这个民族才有希望。如果一个民族只是关心眼下脚下的事情，这个民族是没有未来的。"马克思主义是关注人类自由与解放的理论，是胸怀世界、关注人类的理论，青年人志存高远，奋发有为，应该学会用马克思主义理论武装自己，胸怀世界，关注人类。

正是基于以上几点考虑，我们编写了这套《马克思主义简明读本》系列丛书，以便更全面地展示马克思主义理论基础知识。希望青年朋友们通过学习，能够切实收到成效。

韩喜平

2013年8月

目　录

引　言

　　宗教是一种在世界普遍存在的文化现象，至今依然影响着全世界近三分之二的人口。当今世界的许多矛盾都直接或间接与宗教相关，使得宗教成了世界各国普遍关注的热点问题之一。

　　马克思主义宗教理论包括马克思主义宗教观和无产阶级政党的宗教政策两个方面。马克思主义宗教观是马克思主义理论家运用历史唯物主义原理认识和分析宗教和宗教问题的理论成果。无产阶级政党的宗教政策是无产阶级政党运用马克思主义宗教观，并结合不同时代特征所形成的宗教工作的基本政策和原则。

　　由于东西方的文化差异，宗教概念不仅体现在词源上的不同，而且体现在东西语境下的含义也不尽相同。

　　宗教不仅是一种文化现象，而且是一种社会历史现象。宗教的起源对人类来说是一种历史进步，是人类认识主观世界和客观世界的起点。马克思、恩格斯在创立科学社会主义的过程中，以辩证唯物主义、历史唯物主义的观点分析了宗教产生和存在的自然的、认识的、社会的和心理的根源，指出宗教的根源"不是在天上，而是在人间"。

宗教的历史发展是一个同宗教的起源密切相关的问题，是对社会存在的反映，并与社会的发展相适应。我们依据历史唯物主义的方法，从社会的向度出发考查宗教的三个发展阶段，即氏族宗教、民族国家宗教、世界宗教三个阶段。宗教在每一发展阶段上，呈现出不同的形式，表现出不同的特征。

马克思主义的宗教本质理论是马克思主义整体思想中的一个相对独立的思想体系，也是一个开放的思想体系。马克思主义的创造者和他们的继承者都是在各自生活的社会实践基础上对宗教的本质思想进行了揭示和发展，从而不断丰富和完善了马克思主义宗教本质理论。

宗教作为一种社会意识形态，为人们提供一种认识世界的方式、一套评判社会行为的价值观念和道德体系；作为一种社会实体，宗教为人们提供一种组织社会的形式、一套调适和整合、凝聚社会的机制和体系。宗教在具体发挥其功能时，既可以成为促进社会稳定和谐、推动社会变革的积极力量，也可以成为分离族群、愚化民智、妨碍革新的消极力量。因此，宗教的功能具有"两重性"。

无产阶级政党对待宗教的基本政策和原则是马克思主义宗教理论的一个很重要的组成部分，其正确与否，不仅直接关系到信徒的信仰问题，而且还关系到国家的政治稳定和民族团结的大问题。因此，我们只有认真学习马克思主义宗教理论，才能既有利于提高自己对待宗教的态度，又有利于团结宗教界人士，为维护社会稳定和社会主义现代化建设贡献一份力量。

第一章　宗教概念的词源及其含义

第一节　宗教概念的词源分析

一、西方语境下的宗教概念的词源分析

西方语境的"宗教"（religion）一词，一说源于拉丁语中的religare，意为联结或再结，即"人与神的再结"，一说源于拉丁语中的religio，意为敬神。古希腊人虽有表达对神的敬畏、虔诚及与之相关的戒律礼仪，却未形成宗教的特定概念。古罗马哲学家西塞罗在其著作《论神之本性》中使用过Relegere（意为反复诵读、默想）或Religere（意为重视、小心考虑），可见他当时认为在神的敬拜上需要集中注意力，又需严肃认真。另外古罗马神学家奥古斯丁在《论真宗教》及《论灵魂的数量》皆用过Religare，代表人、神与灵魂间的

重新结合，以人神联盟说明人与神之间的密切关系。奥古斯丁又在《订正》及《上帝之城》中使用Re-eligere来表示人在信仰上的重新抉择及决断，人需要靠重新考虑和选择与神修好。故Religio一词在拉丁语的原意应为人对神圣的信仰、义务和崇拜，以及神人之间的结合修好。Religio的用法因人而异，但其基本意义比较稳定，其基本意义在罗马宗教深受希腊影响后也始终保持，特别是两种基本词义保持稳定：一是强调外在客观现实，强调外在于人而控制人的力量；一是强调人对此外在力量的主观态度和情感。"宗教"（religion）作为系统，特别是作为信仰体系的含义，是西方的现代发明。就是一群人为了一个目的，聚集在一起的意思，发展到有同一信仰，同一信念，为了这一信仰，而到了不畏生死的地步。在西方人眼里，非到此地步不成为宗教信仰。

二、东方语境下的宗教概念的词源分析

我国古代并无相当于现代意义的religion一词。"宗教"的现代含义，即作为一种社会意识形态系统，来自日语借词。但概念的缺乏并不意味着宗教传统与实践的贫乏。在汉字中"宗教"最初并不是一个联缀词，而是各有不同的含

义。在《说文解字》中，把"宗"解释为：尊祖庙也，从宀从示，"示者，天垂象，见吉凶，所以示人也。从二。（二，古文上字。）三垂，日月星也。观乎天文，以察时变。示，神事也。"在中文里，"宗"字是在屋檐下举行祭祀仪式，本义指供奉祖先、举行祭祀活动的祠堂与宗庙，蕴含着对于祖先、宗族、宗祠的崇拜。"教"字原初含义是指上施下效，从学入道，侧重人们对神道的信仰，这一点反而与西方的宗教理解较为接近。辞源解释宗教说："以神道设教，而设立诚约，使人崇拜信仰者也。"神道是："人们对于至上无限的神灵，所有的信仰，所执行的敬礼。"用这种神道去教人，便称为宗教。在历史发展中，宗教一词被赋予了各种不同的意义。在公元600年以前，"宗教"这个词指的是一种官职；直至公元10世纪，由"宗"、"教"二字合并而成"宗教"一词，最先见于佛经，如《续传灯录》中："吾住山久，无补宗教，敢以院事累君。"这里的宗教指崇佛及其弟子的教诲，其意狭小而具体，其中"教"指佛陀所说，"宗"指佛陀弟子所传，"宗"是"教"的分派，二者共同构成佛教的教理。佛教有一术语"自证为宗、化他名教"，泛化开后指宗教信仰，并且随着中国近、现代思想文化的发展，人们才开始把汉语中"宗教"一词的含义与西方的宗教概念联系起来，对二者有了相同的理解。

第二节 宗教概念的含义

宗教是一种文化现象，是对社会存在的反映。一方面，不同地区的各种社会存在的差异，形成了不同的文化背景，因而对宗教的理解也有所不同。另一方面，东西文化虽然有差异，但同属于文化，必然包含有文化共性，在对宗教的理解上也有共同点。

一、西方语境下的宗教概念的含义

在西方的文化背景下，宗教是对神明的信仰与崇敬，或者一般而言，宗教就是一套信仰，是对宇宙存在的解释，通常包括信仰与仪式的遵从。费尔巴哈在《宗教的本质》著作中，概述了宗教，尤其是自然宗教即多神教的本质，明确提出神学就是人本学和自然学的论点。费尔巴哈指出，人的依赖感是宗教的基础。自然是人生存的基础和依赖的最初对象，是宗教的原初对象。人依赖的自然对象各不相同，自然宗教因而也就有众多的神。而自然事物、自然现象乃至动物之所以被崇拜为神，是由于人为了实现摆脱依赖的愿望，从人的立场把所依赖的对象想象成为像人那样的东西，把自然看作是具有人性的东西，而后又崇拜它。自然宗教的本质同样是人的本质的异化，不过是用自然被人化的间接方式表现出来。自然宗教的神是人把自己的本质依附于个别的具体的自然对象，具有一定的局限性。当人由物理实体变为政治实体时，当君王的占有、决定统治并支配着人的时候，自然宗教就为精神宗教即一神教所代替。

宗教包括了符号意义、信仰、叙事体的故事，还有应该给予修行者生命体验的宗教实践。无论宗教的中心意义体现在任一神性或众多神灵上，抑或是根本真理，宗教的普遍特征是由修行者的祈祷、仪轨、冥思、音乐和艺术形式所表现，除此以外，宗教还和社会及政治常常相互交织。宗教的特征可以集中表现为特殊的超自然现象，出自于宗教法律的道德要求或生活方式。宗教也包括了原始的文化传统、神圣的著作、历史神话，还有个人的宗教信念与经验。宗教的发展可以从不同的文化中提取许多形态，同时伴随着各种文化的差异。

针对西方宗教文化传统，马克思在《黑格尔法哲学批判导言》中指出了宗教的实质：宗教是支配人们日常生活的外部力量在人们头脑中的幻想的反映。宗教本质上是一种"颠倒的世界观"，是由对神灵的信仰和崇拜来支配人们命运的一种意识形式。

二、东方语境下的宗教概念的含义

东西方的文化旨趣不同，西方文化重在探寻外在世界的最终根源，而东方的文化则侧重于人的内心修养，基于此，东方对宗教的理解就不完全同于西方。从中国文化传统来看，西方文化中的宗教（religion）概念过于狭窄，只是神宗教，即是崇拜超自然的神的宗教。而东方的宗教概念要宽泛得多，也就是说，以东方文化的观念，宗教除了道教、佛教、印度教以及亚伯拉罕诸教等"神宗教"外，还有"人宗教"。宗师被称为至圣先师的孔子的儒教，便是一种人宗教，或称"圣宗教"。除少数将孔子神化了的儒教流派的教徒外，中国人相信圣人孔子并没有超自然的力量，他也不是先知，而只是先圣先师，因而人宗教是更合乎自然的理性宗教。在以人宗教为基础的儒家社会，科学知识的传播和发展，不仅不会得到宗教徒的抵制，反而因为人们注重文化知识和格物致知的观念，受到大家的推崇，人们乐意开放地探讨任何学问的问题，而不存在科学课题的禁忌。中国人的祖先信仰，则是一种基于人的"神灵信仰"。在儒家文明地区，对祖先神灵的信仰，祖先保佑等概念，也是对超自然的力量的一种信仰。同时，中国民间还存在其他各种类型的神灵信仰。另外，儒家社会往往同时并存着道教和佛教等信仰超自然的神的宗教，以及其他各种民间宗教信仰，这也体现出了东方文化的包容性。

东西方的宗教虽然有文化上的差异，作为一种文化现象宗教，作为一种意识形态也有共同之处。《宗教百科全书》把这种共同处概括为："总的来说，每个已知的文化中都包含了或多或少的宗教信仰，它们或明了或令人疑惑地试图完美解释这个世界。当某些行为典范在特定的一个文化中得到确立时，它就将在这个文化中打下深深的历史烙印。即便宗教在形式、完整度、可信度等都因不同文化而不同，但人在社会中还是不可避免要受到宗教影响。"

第二章　宗教的产生和存在的根源

第一节　宗教是一个社会历史现象

一、宗教的出现是自然和社会发展的产物

宗教不仅是一种文化现象，而且是一种社会历史现象。在人猿相揖别之后的一个很长的历史时期，人类没有也不可能有宗教信仰。宗教作为人类社会特有的历史现象，是人类改造自然的生产力发展达到一定程度，人的思维具有抽象概括能力时才出现的。为什么人类进化发展到一定阶段会产生宗教意识？是什么原因导致了自然宗教的起源？

宗教产生和存在的根源问题是宗教理论的基本问题之一。宗教神学家们将神确定为宗教的神圣来源；唯心主义哲学家又往往将某种抽象的、绝对的观念作为宗教的来源，或

断言人天生就具有宗教意识。历史上许多唯物主义思想家对宗教产生的根源则提出了许多有益的见解，像18世纪法国的唯物主义哲学家拉美特利、狄德罗；霍尔巴赫、爱尔维修等都否定了宗教的神学来源，但又认为宗教存在的根源在于人民的愚昧与无知，是"傻子加骗子"的结果。19世纪德国伟大的唯物主义者费尔巴哈以其人本主义进一步提出了宗教是人的本质的异化的重要思想，得出了不是上帝创造了人，而是人按照自己的形象创造了上帝的结论，彻底否定了宗教和上帝的神学来源与哲学唯心主义来源，把宗教置于它的现实基础之上。但是他们在理论上都没有揭示出宗教的社会根源。

马克思、恩格斯在创立科学社会主义的过程中，以辩证唯物主义、历史唯物主义的观点分析了宗教产生和存在的根源，指出宗教的根源"不是在天上，而是在人间"，只有到现实社会中的阶级矛盾、阶级压迫、阶级斗争中才能找到宗教最深刻的社会根源。马克思、恩格斯和列宁还进一步从更深层次的意义上揭示了宗教产生和存在的根源就在于人与自然、人与人之间关系的不合理，以及对这两种不合理关系缺乏科学的认识和由此带来的心理上不能把握自己，从而使自然力量和社会力量对人成为盲目起作用的、异己的支配力量，将宗教的根源问题真正确立在科学的基础之上。

二、宗教的出现是人类文明的进步

宗教的起源对原始人来说是一种历史进步，是人类认识主观世界和客观世界的起点。宗教尽管是对客观世界的虚幻、歪曲的反映，是错误的，但它毕竟是认识、思考主客观世界的开始。正像小孩子学走路一样，虽然第一步摔倒了，但毕竟迈出了人生的第一步。对此，马克思、恩格斯指出："自然界起初是作为一种完全异己的、有无限威力的和不可制服的力量与人们对立的、人们同它的关系完全像动物同它的关系一样，人们就像牲畜一样服从它的权力，因而，这是对自然界的一种纯粹动物式的意识（自然宗教）。"自然根源是宗教存在和发展的最基本的根源，不仅过去和现在存在，将来还在一个长时期内也会存在。随着科学技术水平和人们认识水平的提高，宗教的影响会越来越小，但只要人们还不能正确解释自然界的一些现象，宗教就会存在。目前，宇宙中还存在很多尚未作出科学解释的现象，人们就可能把许多说不清的原因归结到宗教上。自然宗教普遍存在于世界各民族的早期发展阶段。各民族生活的自然环境不同、谋求生存、生产和生活的方式不同，崇拜的对象也就不同。以采集为生的民族常以土地、水源和植物为崇拜对象，以渔猎为生的民族大多以山林河湖和动物为崇拜对象，而太阳东升西落所引起的昼夜变化和四季更替与风雨雷电等自然现象差不多是各原始民族共同崇拜的对象。原始人在对自然现象的崇拜中逐步形成了一系列仪式规定和禁忌观念，违背仪式规定和禁忌观念的行为就是犯了禁忌。

原始人的自然宗教往往把与人们日常生活关系极为密切的自然界本身的一些自然事物或现象当成崇拜对象，形成图腾崇拜。图腾崇拜表明，人类社会组织已脱离了本能的动物群体状态，成为以血缘关系为纽带的社会群体。与图腾崇拜密切相关的是宗教伦理道德方面的禁忌和义务。因此，图腾崇拜构成了由自然崇拜向人格神崇拜过渡的中间环节。自然崇拜与图腾崇拜的区别就在于前者的崇拜对象在形式上是与人截然有别的自然现象，后者的崇拜对象逐步取得了人的形象。

总之，自然宗教是人类处于恶劣的物质生活条件和自然界的沉重压迫之下，把自然力和自然物神化的结果，它反映了原始人在征服自然中的软弱无力和对自然力的无知与依赖。对此，恩格斯在《反杜林论》中指出："单是正确地反映自然界就已经极端困难，这是长期的经验历史的产物。在原始人看来，自然力是某种异己的、神秘的、超越一切的东西。在所有文明民族所经历的一定阶段上，他们用人格化的方法来同化自然力。正是这种人格化的欲望，到处创造了许多神；而被用来证明上帝存在的万民一致意见恰恰只证明了这种作为必然过渡阶段的人格化欲望的普遍性，因而也证明了宗教的普遍性。"列宁也说过："野蛮人由于没有力量同大自然搏斗而产生对上帝、魔鬼、奇迹等的信仰……"因此，马克思主义认为，宗教观念的最初产生，是由于原始社会生产力水平极为低下，人们对他们彼此之间及对他们与自然之间的关系无法正确解释，而产生神秘感。

第二节　宗教产生的四种根源

对于宗教产生的原因，马克思主义者和非马克思主义者，给出的原因是完全不同的。非马克思主义者，在宗教产生的自然原因上有"灵魂主义"和"畏惧自然说"两大理论。"灵魂主义"认为，原始人类从人的死亡和梦境等现象中，以为有可以脱离人的肉体的灵魂存在，而这些灵魂具有超人的活动能力，这种灵魂观念直接导致了宗教的起源。"畏惧自然说"则认为，宗教产生的根本原因是原始人类对自然的恐惧，并将他们所畏惧的自然力赋予人格和意志的结果。这两种宗教起源学说虽然具有一定的合理成分，但存在着严重的缺陷。马克思主义者按照辩证唯物主义和历史唯物主义的观点，认为宗教的产生和存在有其自然的、认识的、社会的和心理的根源。

一、自然根源是宗教产生和存在的基本根源

马克思主义认为，社会的物质生活和社会经济基础的变化，是宗教产生的根本原因之所在。在人类社会初期，人与自然的关系主要表现为自然对人的压迫，由多种自然因素促使人类早期产生宗教。

首先，人们在改造自然过程中软弱无力，这是宗教产生的重要原因。这一时期，随着人类社会生产力发展到狩猎和采集阶段，生产范围有所扩大，人与人之间关系复杂化，人的抽象思维能力提高，对于自然现象与自己生活的关系有了

一些初步的认识，还力图想更多地认识和控制自然现象。但由于生产力水平低下，人类的生存条件恶劣，人类在自然界的沉重的压迫下，当人们软弱无力时，就希望有超自然的力量来帮助自己，征服自然界，古代的许多宗教就是这样产生的。

其次，自然界给人们带来的灾变，也是宗教产生的重要原因。由于人类认识自然、改造自然的能力十分低下，突如其来的自然灾变常常给人们的生存造成严重的威胁。人的生存必须靠自然的恩赐，但是自然界却往往不如人愿，它作为一种可怕的异己力量成为人类依赖和畏惧的对象。原始人对自然界这种异己的力量无法认识和理解而产生恐惧感。于是，他们认为在现实的物质世界之外，一定还存在着另一个人类看不见、摸不着的神秘世界，存在着一种超自然的力量，这种力量主宰着人类的命运，人类对它只能顺从、祈求，而不能违反。于是，就会在观念中把自然力和自然物神化，进而产生了把自然界、自然力人格化为神灵加以膜拜，最后到宗教意识的萌芽。例如，意大利就经常发生地震，人们面对突然的打击、突然的灾变束手无策，于是，就产生了"神"的观念。自然突变是意大利宗教迷信盛行的一个重要因素。

再次，人们对自己生活命运无法把握，往往会产生信教思想。当人们感到受外在一种强大的力量支配时，也会出现"神"的观念，出现天命、命运的思想。这一点也延续到现代社会，当今的人们对自己的命运无法把控或捉摸不定时，就出现了被神所决定的观念。此外，只要偶然性存在，就会有宗教产生的土壤。也就是说，当人们受外在力量的主宰又找不出原因时，就会归于上帝，只要有解释不了的原因就有用上帝来说明的需要。在现代社会中，人们在适应或改造自然时，总有无法解释的问题，故总有宗教产生的根据。

二、宗教产生的认识根源

如果说宗教产生的自然根源是其客观根源，那么认识根源是宗教产生和存在的主观根源，是人与自然关系的在思维层面表现出的一种歪曲的、错误的反映。宗教的最初产生，根源在于自然界对人类的压迫，但自然界对人的压迫怎样形成为宗教观念，则又有赖于人的认识能力。所以，我们在探究宗教产生的根源时，自然而然地将它与人的认识能力联系起来，从认识论的角度来探究宗教产生的原因。

人类的进步、社会的深化与发展的一个重要原因，在于人类思想意识的深化与发展，而人的思想意识水平并不是天生就达到很高的程度的，而是有其逐步形成、深化与提高的过程，而在人类的思想意识逐步深化、发展的形成过程中，思想意识在不同的形成过程中往往也展现了某种特定的思想形态，很可能，以宗教思想为特征的人类思想形态就是人类思想意识发展到一定水平状态下的产物，就如同很多昆虫在成长过程中往往经历了卵态、虫态、蛹态、蛾态等明显不同的形态。以宗教为特征的社会思想意识就是人类思想意识发展过程中的一个环节，并且是不太成熟、不太完善的环节。这种不成熟、不完善的思想意识是宗教在人类社会发展的历史过程中普遍存在的根本原因。

社会存在决定社会意识，任何历史时代的人们的认识水平只能与其社会生产力发展水平相一致。在原始社会，生产力发展水平极为低下，与之相适应，人类的思维极不发达，原始人的思维基本上是一种以直观为主的形象思维，他们不理解一般和个别的关系。他们对周围事物的感性特征有惊人的把握能力，但是由于思维能力受现实条件的局限，他们还不能认识事物的普遍联系性和永恒发展的过程性，在形成普通性概念方面却显得很无能。在他们的思维中，只有某些具体的山、具体的河、具体的动物的概念，而没有抽象的、普遍性的"山"、"河"、"动物"的观念。原始人的直观形象思维十分强调思维和思维对象的一致性，以至于不能脱离经验对象而形成思维的内容。他们过分强调经验与客观对象的同一性，这使原始人极易走向一个极端——把感觉、幻觉，甚至错觉的东西都当成与客观对象同一的东西，甚至可以形成一些与常识截然相矛盾的东西。仅举"名字"一例进行分析，我们就可见一斑。

"名字"这一概念对我们来说是特别熟悉的，它只具有标签的纯粹表面的意义，这个标签可以让我们一方面把不同事物区分开来，另一方面，又不致使同类事物发生混乱。在原始人看来，"名字"起标签的作用是次要的、附属的东西。他们把"名字"看成是某种具体的、实在的和神圣的东西。列维·布留尔引用了J·Mooney的一段话："印第安人把自己的名字不是看成简单的标签，而是看成自己这个人的单独的一部分，看成某种类似自己的眼睛或牙齿的东西。他相信，由于恶意地使用他的名字，他就一定会受苦，如同由于身上的什么部分受了伤一样会受苦。这个信仰在从大西洋到太平洋之间的各种各样部族那里都能见到。""名字"的真正作用"表现了、体现了个人与其图腾集团、与祖先（个人常常是祖先的化身）、与个人的图腾或者与那在睡梦向他现身过的守护神、与保护着他参加的秘密团体的无形力量等的亲族关系。"原始人的"名字"具有超越时间和空间的特性，使个体能和祖先同在，能同异地某物发生某种关系。他们的"名字"之所以有这样的功能，因为原始人的意识不是脱离开那些与他们的社会关系联系着的神秘属性来想象存在物和客体的。这也说明原始人的意识与外界物理事物是统一的。原始人生活的世界是由神秘性包裹的世界，正是这种神秘性吸引着他们的全部注意力。凡是在我们寻找第二性原因的地方、力图找到稳固的因果关系的地方，原始人却专注神秘原因，它无处不感到神秘原因的作用。原始人那种简单的、抽象的思维的具体性、一开始就带有产生宗教观念的可能性。而直观地、片面地、孤立地观察自然界，过分夸大"现实威力"，用幻想和虚构来描述变幻莫测的大自然，这是原始宗教在认识论上的突出特点。

原始人不仅不了解一般和个别的关系，而且也不了解事物发展变化的趋势和动力。任何事物的产生、发展都是必然性和偶然性的统一。原始人从偶然性推出必然性，不了解偶然性和必然性的关系。在他们看来，任何事物的出现都是偶然的，也是必然的；是存在的，又会走向不存在，这种现象持续下去，世界就会变成虚无，而世界并没有走向虚无。这说明必然有一个"永恒的存在"、一切事物的必然性都从它那里获得，这种"永恒的存在"就是上帝。不了解事物发展变化的动力是事物自身发展变化引起的，他们虽然也看到事物有变化，并且知道变化是有原因的，原因背后还有原因，事物运动是"潜在"变"现实"的过程，事物运动的背后都有推动者，推动者后面还有推动者，这样无限往后追寻，必然有一个"第一推动者"，这就是神或上帝。

正是由于认识水平的低下，在他们的思维活动中，似乎就存在两个真实的世界：一个是他们的感觉器官所能把握的物质世界，一个是他们的感觉器官感觉不到的神灵世界，而且神灵世界主宰和支配着物质世界。所以，恩格斯说："在远古时代，人们还完全不知道自己身体的构造，并且受梦中景象的影响，于是就产生一种观念：他们的思维和感觉不是他们身体的活动，而是一种独特的、寓于这个身体之中而在人死亡时就离开身体的灵魂的活动。从这个时候起，人们不得不思考这个灵魂对外部世界的关系。既然灵魂在人死时离开肉体而继续活着，那么就没有任何理由去设想它本身还会死亡；这样就产生了灵魂不死的观念，这种观念，在那个发展阶段上绝不是一种安慰，而是一种不可抗拒的命运，并且往往是一种真正的不幸，例如在希腊人那里就是这样。到处引起这种个人不死的无聊臆想的，并不是宗教上的安慰的需要，而是由普遍的局限性所产生的困境：不知道已经被认为存在的灵魂在肉体死后究竟怎么样了。同样，由于自然力被人格化，最初的神产生了。"

宗教产生和存在的认识根源是极其复杂的。总的来说，人类对自然与社会的认识过程，有一个从不知到知、知之不多到知之甚多，从简单到复杂的认识过程。在这个过程中，只要人们的认识水平不能正确解释自然现象和社会现象时，而一些错误的认识就有可能使抽象的概念、观念不知不觉地转变成幻想而导致宗教观念的产生。

三、宗教产生的社会根源

宗教的产生不仅有自然原因和认识原因，而且也有社会根源，这是由人的本性所决定的。人的本性，从其现实性来说，是一切社会关系的总和，人的一切活动都是在一定的社会关系中进行的。宗教作为一种社会意识，是以人的存在状况及其关系为反映对象的，它的内容不仅反映了人与自然的关系，而且也反映了人与人之间的关系。有什么样的社会关系，就会有什么样的宗教反映形式。因此，社会根源是宗教产生和存在的最主要的根源。

在原始社会里，由于生产力低下，自然环境恶劣，人们为了生存下去，就必须共同劳动，共同消费，人与人之间都是平等的，没有等级之分。以自然崇拜为主要成分的原始宗教，在许多方面都反映出人们当时经济地位和社会地位的平等关系。首先，自然宗教里虽然有各种神灵存在并且他们各司其职，但是这些神灵从"神"格来看都是平等的，没有高低贵贱之分。其次，在以血缘关系为纽带的氏族社会中，各个氏族成员与宗教崇拜对象的关系是同等的，也没有专职僧侣祭司与一般信徒之分，整个氏族以集体的方式与宗教崇拜对象发生联系，宗教活动必须由全体氏族成员共同参加，宗教禁忌、律令和各项道德义务也必须由全体氏族成员共同遵守，这些都是氏族社会里人与人之间平等的社会关系的反映。

在阶级社会里，宗教产生从某种意义上讲是社会压迫造成的，是社会制度的冷酷无情以及一些宗教组织和宗教仪式给人以精神的慰藉造成的。这是宗教产生的社会原因。由于存在着阶级剥削和阶级压迫，统治阶级为了维护其统治，往往打着宗教的旗号使他们的统治合法化神圣化；被统治阶级由于对现实无力抗争，把一切希望都寄托到来世。因此宗教产生于人们对社会压迫的不满和反抗。

首先，从宗教产生看，它是由于人与人之间的社会地位不平等所引起的。一方面，统治阶级对被统治阶级的剥削和压迫使被统治阶级遭受苦难，但是他们又找不到遭受苦难的原因，也无法摆脱世间的苦难，因而幻想通过对神灵的祈祷而获得来世的幸福。只要人们有对现实的不满，就有信教的要求，这是一种对现实压力的消极反抗。恩格斯说过："在各阶级中必然有一些人，他们既然对物质上的解放感到绝望，就去追求精神上的解放来代替，就去追求思想上的安慰，以摆脱完全的绝望处境。"列宁也说过："被剥削阶级由于没有力量同剥削者进行斗争，必然会产生对死后的幸福生活的憧憬……"另一方面，统治阶级为了维护其统治，并使其统治合法化、神圣化，也支持和利用他们所认可的宗教作为麻醉和控制群众的重要精神手段。统治者利用宗教向被统治者宣扬忍受、向善的思想，人的贫穷和富有，尊贵和低贱，是命中注定的。要想改变，只有安于命运，努力修行，争取来生好命。他们给劳动人民套上了精神枷锁，使其放弃对统治阶级的反抗，从而有利于维护统治阶级的残酷剥削和统治。

其次，从现代社会的特点看，宗教也产生于社会制度给人们带来的压力。无论什么社会，只要有冷酷的现实给人们带来的各种束缚，只要有烦恼、困惑、不幸、灾难、缺乏温暖等，都会使人们趋向于宗教。恩格斯和列宁还特别分析了在资本主义社会里，宗教产生和存在的主要根源也是社会根源。列宁指出："在现代资本主义国家里，这种根源主要是社会根源。劳动群众受到社会的压制，面对时时刻刻给普通劳动人民带来最可怕的灾难、最残酷的折磨的资本主义（比战争、地震等任何非常事件带来的灾难和折磨多一千倍）捉摸不定的力量，他们觉得毫无办法——这就是目前宗教最深刻的根源。"因为，资本主义的经济运行规律使资本主义不断出现危机，资本家为倒闭、破产、遭受损失和负债而恐慌，工人则常常面临失业、贫困的危险，同时，社会道德的败坏、人类文明的沉沦，也使人们感到苦闷和抑郁。对资本主义生产方式自发性、盲目性的恐惧和资产阶级为巩固其统治有意利用宗教，是资本主义社会宗教存在的最深刻的社会根源。

再次，宗教组织、仪式等使人感到并非孤立无援。人们在这里得到安慰，看到没有被社会抛弃，得到温暖。人们通过各种宗教活动得到满足和充实，这是人群所需要的。

总之，宗教作为一种普遍的社会意识现象，它的内容最终只能是人的现实存在状况的反映，它的根源最终也只存在于由各种客观因素总和构成的社会历史条件之中。所以，宗教产生和存在的社会根源是极其复杂的。

四、宗教产生和存在的心理根源

宗教能够在一定程度上满足人们的心理需要，产生于人们的"依赖感"，能调和人们心中的"不平衡性"心理，也是人们"好奇心"和"精神寄托"的产物。这些是宗教产生的心理根源。心理根源是宗教产生和存在的浅层次根源，是人们对自然力量和社会力量的情感反映。

首先，宗教产生于人的依赖感。人们对自己所依赖的对象产生的"畏惧"和"感激"心理都会产生宗教，宗教的主要工具是"想象力"，人们出于利己主义的原因正是借助于想象力而产生出上帝观念和神灵观念。在人类早期，人类生存所系与生活所需，几乎无不仰赖于自然的恩赐与偶然的机遇。在社会生产力和人类理智力尚未达到的地方，人类的想象力便前来填补理智的空白，把这些支配日常生活的自然力和自然物，变成了超自然，超人间的神物。依赖感产生神灵，即希望借助于"超自然、超社会"的神灵来帮助自己，神灵又会反过来加强对它的依赖感。当人类生存所系的自然物和自然力被表象为神物的时候，人对其宗教崇拜对象的依赖感便必然变形为具有神秘色彩的宗教体验。狩猎的成败，农业的丰歉，气候的变迁……都被想象为神灵的意志左右其间，在信仰者心目中引起对神灵的喜悦、爱、感恩之情和对天罚的畏惧、恐怖之感。这些宗教感情和宗教体验本质上是依赖感的表现。在宗教心理中，感情因素是非常重要的，费尔巴哈称感情是宗教的基本工具，上帝的本质不过是表明感情的本质。而感情的产生是与需要密切相连的。一个宗教信仰者在现实生活中缺乏把握感，为幸福的愿望的实现没有保证而焦虑时，便可能在心理上产生对超自然的神力的依赖，以期望神力来帮助他把握住现实，实现幸福的愿望。人的这种依赖主要是为了寻求满足精神上、感情上的某种需要，所以费尔巴哈说人的依赖感是宗教的基础。

其次，宗教往往是为了调和人们心中的"不平衡性"而产生的。当一个人在社会实践与社会生活中不能实现各种人生需要时，就会感到自己处于一种被剥夺的地位，在心理上会由此而产生一种相对剥夺的不平衡的心理现象，从而引发了心灵上的痛苦，这时往往会到宗教的神圣领域中去寻找一个"避风港"，求得心灵的安抚和精神的支持，以便消解心灵的痛苦，坚强地生活下去，就会产生宗教。各种宗教正是通过对世俗价值的贬抑和对神圣价值的推崇，来缓解、摆脱人们对世俗功名利禄的执著，这时宗教能起到"鸦片"作用，能使人麻痹，同时给人以极大的慰藉，造成心理上的平衡。

再次，信仰的心理需要。"信仰"是人的一种很重要的心理需要，离开信仰人就感到渺茫无措、失去目标。人需要有信仰，信仰是人生的意义所在，人献身于某一目标、某一理想或超越自身的力量，是人追求生命过程中完善的表现，对生存方向的追求和献身理想的需要，是人存在的本能之一。信仰是人生的信念、支柱、目标、准则、意志、创造力。没有信仰的人，也就没有了真正意义上的希望、信念、准则、目标，没有了意志和创造力。生命对他们来说，是浑浑噩噩的、猥琐的，只是时间的流逝和谋求生理需要的满足，是没有价值的。正因如此，所以，千千万万人寻求信仰，一旦找到就紧紧攥住，再也不会放弃。当然，信仰也多种多样，宗教信仰只是众多信仰之一。不同的人可以找到不同的信仰，如有的人信仰马克思主义，有的人信仰拜金主义，有的人信仰权力意志主义，有的人信仰无政府主义，当然也就有人信仰宗教。对此，我们无可厚非。特别是在当今存在多元文化、多元信仰的现阶段，宗教作为一种对世界的解释，一种对生命终极意义的精神追求，在很大程度上就满足了一部分人的信仰需要，所以，有人就选择宗教作为自己信仰的目标。

最后，宗教有时还是人们"好奇心"的产物。在人类社会发展早期，人类的科技水平和认识能力很低的情况下，人们信仰宗教，可以理解。然而，人类进入现代社会以来，在科学技术大发展、文化知识大普及的背景下，在战胜无知、掌握了解事物的过程中，人类不仅没有远离宗教，反而是信教人数骤增；宗教不仅没有消亡，反而是进入了一个新的发展时期。这也会促使人们对宗教"好奇"，想去探究宗教的神奇魅力之所在。

综上所述，宗教产生的根源问题十分复杂，宗教作为一种普遍存在的社会意识现象，它的内容只能是对现实存在状况的反映，它产生和存在的根源最终也只能存在于由各种客观因素总和构成的社会历史条件之中。宗教是人为的产物，没有人的存在就不会有宗教的起源问题。因此马克思主义宗教观认为，宗教产生的根源不在天上，而在人间，它随着人类社会的产生、发展而产生和存在，随着时代的变迁而发生形态上的变化。宗教产生的四大根源在人类社会中必将长期存在，因此宗教消亡的日期还十分遥远。马克思主义宗教观认为，只有在人与自然、人与人之间的关系明白而合理的时候，也就是恩格斯所说的当"谋事在人，成事也在人的时候"，也如毛泽东所说的"人们自觉地改造自己和改造世界的时候"，宗教产生、发展和存在的四大根源才会消失，这是一个相当漫长的历史过程。

第三章　宗教的发展

　　宗教的历史发展是一个同宗教的起源密切相关的问题，也是对社会存在的反映。恩格斯依据历史唯物主义的方法，对于宗教的发展历程，从各个不同的向度进行思考，第一种是从"自发的宗教"到"人为的宗教"；第二种是从认知的向度（宗教信仰）出发，把它视为一个从自然宗教、多神教到一神教的发展过程。第三种是从社会的向度（宗教组织）出发，把它视为一个从氏族宗教、民族国家宗教到世界宗教的发展过程。三种分类基本上是从不同角度对同一的宗教发展过程所做的历史性说明。这三种发展系列之间并不是一一对应、完全同步进行的。宗教发展的过程和宗教历史形态的演变在不同的民族和国家间有不同的情况和特点。在本章中，我们将从社会的向度出发考查宗教的发展阶段，即氏族宗教、民族国家宗教、世界宗教三个阶段。在每一发展阶段上，宗教呈现出不同的形式，表现出不同的特征。

第一节　制度性的氏族宗教

一、氏族宗教的内涵

宗教的原始形式从精神性的层面来看是"自然宗教"，而从制度性的层面上来看则是"氏族宗教"。因为宗教作为社会上层建筑的一部分，其产生和存在总是同人类社会的产生和存在大体同步的。因此，既然人类社会的原始制度为氏族制度，那么作为对社会制度反映的宗教的原始形式就是氏族宗教。

氏族宗教是指为氏族或氏族同盟所信奉的宗教，氏族宗教作为最为原始的宗教形态。它是在旧石器时代中期出现的，人类历史上最古老的宗教，而且这种宗教在信仰、行为和组织上都深深地打上了当时的氏族制度的印记。

氏族宗教是原始社会发展到一定阶段产生的以反映人和自然矛盾为主要内容的初期状态的宗教。人类一开始并无任何宗教可言，只是到了旧石器时代中晚期，氏族公社产生，人类社会形成为一个个比较稳定的血缘集团。这时，人的体质与思维能力有了进步，集团内部语言有了发展，某些禁忌和规范已经形成。原始宗教就是对原始社会氏族部落生活的幻想反映，又称为氏族宗教或部落宗教。正如恩格斯所言："最初的宗教表现是反映自然现象、季节更换等的庆祝活动。一个部落或民族生活于其中的特定自然条件和自然产物，都被搬进了它的宗教里。"每一个氏族部落都有其原始宗教，信徒包括氏族部落的每一成员。不同氏族、部落和民族的原始宗教大致相同，其微小差异是由不同的生活环境造成的。原始宗教的崇拜活动一般由族长、酋长和部落联盟首领主持，他们是原始宗教的天然祭司长。原始宗教中的神、人关系，还是相当平等友好的；对神灵的礼拜、求告，还近似对长辈亲朋的呼请，而无奴仆乞求主人的意味。在现实生活中尚未体会到奴役关系的原始人，当然无法具有主奴关系的观念。

二、氏族宗教的表现形式

氏族宗教正处于人类思维能力开始从感性直观向理性思考的过渡阶段。其间存在着从具体感官印象到抽象理论概念过渡的中间环节，即象征。在氏族宗教中，它们的发展一般都经历了参与具体崇拜活动和形成抽象神灵观念的演变过程：先是对具体印象进行初步的典型化，如在旧石器时代的岩洞壁画和雕塑中，最早时只有动物而无其他。稍迟出现了一些女性人形（男像亦间或有之，但仅具轮廓），突出刻画其与生殖有关的各部位，如超比例的硕大乳房和小腹等，面部和四肢大都亦仅为轮廓。这并非出于写实技能的缺乏（更早的动物图像都已十分逼真），而是对现实的生殖现象进行典型化的集中表现。具体说来，氏族宗教的表现形态多为植物崇拜、动物崇拜、天体崇拜等自然崇拜，以及与原始氏族社会存在结构密切相关的图腾崇拜和祖先崇拜等。

（一）自然崇拜

自然崇拜与人的社会存在有着密切关系，人类原始部落群体因其生活环境不同而具有不同的自然崇拜对象及活动形式，一般都崇拜对本部落及其生存地区的社会生产与生活影响最大或危害最大的自然物和自然力，并且具有近山者拜山、靠水者敬水等地域及气候特色，反映出人们祈求风调雨顺、人畜平安、丰产富足的实际需要。"人在自己的发展中得到了其他实体的支持，但这些实体不是高级的实体，不是天使，而是低级的实体，是动物。由此产生了动物崇拜。"

一般说来，最初的宗教表现，是反映自然现象和季节的更换以及与自身生活有密切关系的庆祝活动。这就是说，最古老的崇拜对象是自然力，是那些经常与人类的日常生活有着密切的利害关系的自然现象；这些自然现象都具备有神的力量，因此，自然物便成了自然崇拜的主要对象。例如，土地崇拜，原始人为了获得丰收，产生了播种节、丰收节与土地崇拜相关的节日。此外还有天体崇拜、山石崇拜和水火崇拜，等等。

原始自然崇拜，后因对其崇拜对象的神灵化而发展出更为抽象的自然神崇拜，形成天体之神、万物之神、四季之神、气象之神等千姿百态、各种各样的自然神灵观念和与之相关的众多祭拜活动。这种具有原生型特点的宗教崇拜形式自远古社会延续下来，成为流传至今的宗教信仰之一。

总之，自然崇拜所反映的是人和自然界之间的矛盾。人们崇拜那些神灵，不但由他们生活着的自然环境所决定，而且由他们生产、生活的需要来决定。自然崇拜的神灵大抵有喜和怒两种性格，这实际上是按照人们自我意识仿造的。自然崇拜的神灵地位完全平等，这反映出人们当时经济地位和社会地位的平等关系。自然崇拜的这些特点，在以后的原始宗教的发展中，仍然一脉相承。

（二）图腾崇拜

图腾崇拜和自然崇拜、祖先崇拜有一定的联系。它产生于母系氏族社会时期。人们认为自己氏族的祖先是由某一种特定的动物、植物或其他无生物转化而来的，同该物之间有一种血缘亲属关系，它对本氏族有保护作用。于是便将该物作为自己氏族的族徽——图腾，有目的地加以崇拜。

图腾一词来源于印第安语"totem"，第一个意思为"它的亲属"。在原始人信仰中，认为本氏族人都源于某种特定的物种，大多数情况下，被认为与某种动物具有亲缘关系，于是，图腾信仰便与祖先崇拜发生了关系，在许多图腾神话中，认为自己的祖先就来源于某种动物或植物，或是与某种动物或植物发生过亲缘关系，于是某种动、植物便成了这个民族最古老的祖先。"totem"的第二个意思是"标志"。就是说他还要起到某种标志作用。图腾标志在原始社会中起着重要的作用，它是最早的社会组织标志和象征。它具有团结群体、密切血缘关系、维系社会组织和互相区别的职能。同时通过图腾标志，得到图腾的认同，受到图腾的保护。

图腾崇拜的主要类型有动物崇拜、植物崇拜和无生物崇拜。原始人把某种生物或无生物当作亲属和祖先，并奉为图腾之后，就在内心对图腾产生了某种敬畏感，于是就对图腾物实行一些限性的规定，这叫做图腾禁忌。根据禁忌的内容来看，图腾禁忌可分为行为禁忌、食物禁忌和言语禁忌三种类型。

行为禁忌即禁伤、禁杀、禁触甚至禁视图腾物，违犯者要处以刑罚，甚至处死。这种处罚在最初可能是极为严厉的，随着图腾观念的淡薄，这种处罚也由严变轻，逐渐消失。食物禁忌即禁止食用图腾。一般情况下，凡可食用的图腾物，一般都在禁忌之列。在远古时代，食物禁忌可能是很严格的。在近现代一些民族中，食物禁忌有两种形式：一种是完全的，即完全禁止食用图腾物；另一种是局部的或不完全的，即只禁食图腾的某一部分，或图腾在被别人杀害时可以食用。言语禁忌即禁止直呼图腾名称。在图腾文化早期，人们把图腾当作自己的血缘亲属，并用亲属称谓称呼。这种习俗在近现代一些民族中仍有遗存。

（三）祖先崇拜

祖先崇拜，或敬祖，是指一种宗教习惯，在母系氏族社会向父系氏族社会的发展过程中，由图腾崇拜过渡而来。当社会发展进入到对偶家庭阶段，人们除了像过去那样能够确认自己的生身母亲之外，还能逐步地确知自己的生身父亲。同时在与大自然的斗争中，人的作用日益显著，已经有了对动物的驯养和对植物的栽培。这一切导致人们逐步形成了人和动物的对立、人高于动物的观念，而对于自己的直系亲属产生了无限眷恋之情，即在亲缘意识中萌生、衍化出对本族始祖先人的敬拜思想。最初始于原始人对同族死者的某种追思和怀念。对死者的关注也是导致祖先崇拜的原因之一。对于死和死者的关注，在前宗教时期已有明显表现。但当时的生产规模和分工还很不发达，亲人死去虽然会引起悲痛，但对集体的损失尚不甚突出。随着生产力的发展，劳动力的丧失，尤其是具有一定生产经验和组织能力者的死亡，对氏族和氏族集团的损失日益明显；这时，人们对死者除依恋外，还渴望能继续得其帮助和指点，人们也感到能在梦中同死者相遇而求教。对死者，尤其是被认为重要的死者，供奉祭品和礼拜求告之举，亦在原始宗教中成为重要内容之一。同时，氏族社会的演进确立了父权制，原始家庭制度趋于明朗、稳定和完善，人们逐渐行成了希望自己祖先的灵魂也像生前一样能够庇佑本氏族的成员、赐福儿孙后代的观念，并开始祭拜、祈求其祖宗亡灵的宗教活动，从此才形成严格意义上的祖先崇拜。

在产生祖先崇拜的同时，还出现了专职的祭司。这些祭司被认为是神与人之间的中介，能"通神"、"去鬼"。开始大都为女性，甚至在进入父系氏族公社以后，女性担任祭司的仍为数不少。他们不由选举产生，也不世袭，多由患有不正常疾病幸而痊愈的人充当。人们认为这种人之所以能够幸存，一定是与神灵有交往而得到了帮助，他人通过他祈求神灵，也将会有灵验。这种祭司不是宗教职业者，没有一定的系统的信仰和宗教教义。他们为人驱病禳灾，多从事各种巫术活动，并认为这是自己应尽的义务。在相当长的时期内，这种祭司具有明显的血缘性质，即每一个氏族内部都有一个祭司，其宗教活动也限于氏族范围内进行。当社会进入农村公社发展阶段后，这种血缘性质的祭司才逐步演变为地域性的祭司。这时，他们进行宗教活动，大都要索取一定的报酬。

祖先崇拜的特点，首先是将本族的祖先神化并对之祭拜，具有本族认同性和异族排斥性；其次是相信其祖先神灵具有神奇超凡的威力，会庇佑后代族人并与之沟通互感；最后超越了原始图腾崇拜和生殖崇拜的认识局限，不再用动植物等图腾象征或生殖象征来作为其氏族部落的标志，而以其氏族祖先的名字取代，由此使古代宗教从自然崇拜上升为人文崇拜。祖先崇拜在中国封建社会的宗教传统中尤为突出。

三、氏族宗教的特征

氏族宗教是最古老的宗教形式，其根本特征表现为氏族性和自发性。恩格斯曾经指出："古代的一切宗教都是部落宗教以及后来的氏族宗教，它们发生于而且结合着各该民族的社会和政治状况。"

（一）氏族性

氏族性是氏族宗教的根本特征。氏族宗教与原始初民部落或氏族的生活密切相关，其影响力几乎渗透至原始初民部落或氏族性日常生活的各个方面，由此，氏族宗教形成了部落或氏族意义上的世俗性和类群性。具体表现在以下几方面：第一，从宗教信仰和宗教观念上看，作为氏族宗教的中心内容的祖先崇拜以及作为祖先崇拜的原始形式的图腾崇拜都是同原始人类认识能力的相对低下和氏族制度的不充分发展相适应的。虽然随着氏族制度的进一步发展和人类认识能力的提高，图腾崇拜逐步让位于了女性祖先崇拜和男性祖先崇拜，但是这一过程同样是同原始社会从母系氏族社会向父系氏族社会的过渡相一致和相适应的。因为氏族制度的根本特征之一就在于它是以血缘亲属关系为基础和纽带的，故而以神圣化氏族成员血缘亲属关系为根本内容的祖先崇拜便必然会构成氏族宗教或宗教崇拜的中心内容。对于作为氏族宗教原初形式的图腾崇拜是如此，对于作为氏族宗教发展了的形式的女性祖先崇拜和男性祖先崇拜亦复如此。第二，从宗教组织同社会组织的关系上看，氏族宗教的根本特征在于它同社会组织和社会制度的合一。这主要表现在，氏族宗教并没有独立于世俗社会的宗教组织，而且氏族宗教的崇拜仪式、祭祀制度、节日制度、丧葬制度以及图腾禁忌等也都同时是具有不可抗拒的约束力的社会制度。因此，在氏族社会，氏族宗教并不是游离于氏族社会之外的东西，也不仅仅是社会的一个方面或一个部分，而是渗透到氏族社会的所有方面的意识形态和上层建筑。这种社会功能是任何后来的民族宗教和世界宗教所不及的。第三，从个人与群体的关系上看，氏族宗教的另一个根本特征在于绝对的"集体性"或"非个体性"。氏族宗教是氏族全体成员的共同信仰，个人没有选择的余地，氏族神祇的管辖范围不超出氏族的地域。

而之所以会如此，是因为氏族制度的根本特征不仅在于氏族成员对他们的共同祖先的崇拜，还在于它的财产公有、集体劳动和平均消费等社会制度以及随之而来的绝对集体主义。

第四，极端排他性。氏族宗教是为氏族和氏族同盟所信奉的宗教，每个成员一生下来就是宗教成员，外族人一般不准涉足。而之所以会如此，是因为氏族宗教是以氏族成员之间的血缘亲属关系为基础和纽带的，因此不仅敌对氏族之间的信仰或保护神是有区别的和敌对的，即使友好氏族之间的神灵也只是各自保护自己的氏族而根本不具有保护其他氏族的功能。

（二）自发性

自发性是氏族宗教另一重要特征，它是先民在生活中自然而然创造出来的，没有完善的制度，也没有固定的经书，而且是最为典型的自发宗教。氏族宗教的各种崇拜都是在全氏族成员间自然形成的，恩格斯说它"并没有欺骗成分"。原始部落或民族主要是依靠天然的农牧业来维护生活，生产生活与大自然息息相关。人们从长期的生产生活实践中总结出：自然养育了人类，人类必须服从自然，敬畏自然，自发地形成了自然崇拜。这种朴素直观的氏族群还缺乏归纳总结能力，从而使其经常和图腾、祖先崇拜联系在一起。

第二节　民族国家宗教

一、氏族宗教向国家宗教的过度

氏族宗教在其漫长的历史中，经历了一系列错综复杂的演化过程，从崇拜的内容来看，大体上经历了从实物神到精灵神；从地上神到天上神；从动物神到人神等。从人的思维来看，经历了从具体到抽象，从直接到间接的过程，最终为民族国家宗教的形成创造了条件。

（一）从实物神到精灵神

最早的宗教崇拜是自然崇拜，即把实实在在的自然事物当作神灵加以崇拜，这是自然力量的压迫在原始人头脑和生活中的幻想反映。随着人们认识和改造自然能力的提高，拜物教必然要逐渐衰落。在盛行自然崇拜的时代，还产生了鬼魂崇拜。时常在梦境或幻觉中出现的鬼魂，是一种没有实体而有灵性的若有若无、飘忽不定的东西。任何事物都可能出现在梦境或幻觉中，所以原则上它们都可能被幻想为鬼魂一类的存在。随着万物有灵论的发展和原始拜物教的破产，实物崇拜逐渐发展为精灵崇拜。

（二）从地上神到天上神

最初的神灵是住在地上的，在原始人的观念中，它们不过是能够支配人们日常生活的一些"特殊动物"。自然神是最早的地主，而原始人不过是生活在它们领地上的奴隶。自然神最合理的住处是大山，因为深山密林是各种凶禽猛兽的天然栖息地。在原始人看来，不仅日月星辰似乎是从山中升起又落入山中的，连风雨雷电等天气现象也好像是从山中生起并消失于山中的。随着认识和实践能力的提高，原来不可逾越的大山可以逾越了。当人们爬上一向被神灵们"占领"的那最后一座山头——神山——之后，发现那里原来并没有他们想象中的神灵，但它上面还有令人迷惑的茫茫苍天。最后，人们就把自己似乎永远也上不去的茫茫苍天当成了神灵们永久的住所。

（三）从动物神到人神

在所有自然事物中，动物是唯一具有实实在在的活动能力的东西。在各种自然神灵中，动物神也是影响原始人生活最直接的神灵。所以，随着实物神向精灵神的过度，几乎所有的神灵都被赋予了动物神的形象，这点在《西游记》中体现得非常明显。然而，与所有的动物相比，毕竟人要聪明一些。随着社会的进步，所有原来危害人类的动物都被人们征服了。原来被当作神灵加以崇拜的凶禽猛兽，也被氏族首领带领其成员征服了。在动物神这种自然的压迫力量被初步征服的同时，"人神"这种社会的压迫力量却产生了。不仅氏族和部落中的首领和巫师被当作拥有超自然力的神灵而受到崇拜，连普通的自然神也逐渐地被赋予了人的形象。最后，所有的神灵都被赋予人形和人性，动物神消失了。

（四）从图腾崇拜到祖先崇拜

最初的自然神都是动物神，它包括真正生物学上的动物和所有被原始人想象为动物的会动的事物。图腾崇拜是把动物神当作氏族的祖先神而加以崇拜。随着一个个原来被当作神灵的动物被人类所制服，一个个非动物的实物神被人们所识破，原始的拜物教逐渐消亡。与此同时，动物神开始向人神过渡，而实物神也向精灵神过渡。在人神中，首先受到崇拜的精灵神是已经死去的先人之灵。随着动物神和实物崇拜被否定，图腾崇拜也完结了，取而代之的是对祖先之灵的崇拜，即祖先崇拜。

（五）从祖先崇拜到国家神崇拜

祖先崇拜已经是原始宗教中比较高级的崇拜形式了。如果人类历史永远停留在原始社会，祖先崇拜可能就是最后的崇拜形式了。但是，随着社会生产力的提高和剩余产品的出现，阶级产生了，进而国家也随之产生了。国家的产生，一般要经过部落征战。在战争中取胜的部落统一各氏族，成为国家的统治阶级后，他们原来的部落神也取得崇高地位，成为整个国家崇拜的至上神。最初的国家，往往是一些以城市为中心的小邦国。城市的中心是国家神庙，神庙周围是祭祀贵族和世俗贵族，贵族外围是平民区。国家产生之后，战争的规模更大，更频繁。不同的邦国之间不断征战。最后，在特定地区，所有的小邦实现了统一，形成统一的民族国家。在国家形成的过程中，由于战争，胜利的氏族和部落与失败的氏族和部落之间产生了不平等。把这种不平等关系推广到天上，就使神灵世界也出现了等级。最后，在一些部落通过战争取得整个联盟或国家的统治地位后，他们的祖先之灵也成为神灵世界的统治者。统治阶级的部落神成为至上神，统领整个神灵世界。被统治阶级的部落神如果没有消亡，就作为至上神的下属继续存在。在一些地区，原始社会末期已形成地位接近于至上神的天神或太阳神。国家形成后，获胜部落的保护神往往与地位较高的天神或太阳神合并，成为至上神。人间的国家形成后，神灵的国家——天国——也跟着形成。原始宗教的神灵世界是原始社会氏族生活的投影，自然崇拜的神灵最初就是原始社会人间生活的一部分，国家宗教的神灵世界则是奴隶制国家和封建国家社会生活的投影。

二、民族国家宗教的内容和特点

（一）民族国家宗教的内容

民族宗教是伴随着民族国家的产生而形成的，它是原始宗教民族国家化的结果，是对民族国家社会生活的幻想反映。恩格斯说："古代一切宗教都是自发的部落宗教和后来的民族宗教，他们从各民族的社会条件和政治条件中产生，并和这些条件紧紧连在一起。宗教的这种基础一旦遭到破坏，沿袭的社会形式、传统的政治设施和民族独立一旦遭到毁灭，那么从属于此的宗教自然也就崩溃。"最初的国家宗教也是多神教，但必有一位至上神统领诸神，就像民族国家必有一位君主或首领统率各诸侯部族一样。国家宗教具有人为性、国家性和阶级性等特点，其实质是神化本民族和国家政权，所以常把君主的权威说成是神灵的赐予，君主自己及其家族则自称是神的儿子或后裔。马克思说："古代国家的宗教随着古代国家的灭亡而灭亡，这用不着特别说明，因为古代国家的'真正宗教'就是崇拜它们自己的'民族'，它们的'国家'。不是古代宗教的毁灭引起古代国家的毁灭，相反，正是古代国家的毁灭才引起了古代宗教的毁灭。"早期国家宗教也像原始宗教一样没有自己独立的名称，习惯上直接用其所依附的国家的名称来统称。历史上比较重要的早期国家宗教有：古代埃及宗教（消亡）、古代巴比伦宗教（消亡）、古代印度宗教（婆罗门教和印度教）、古代中国宗教（商周宗教和儒教）、古代希腊罗马宗教（消亡）、古代以色列宗教（摩西教和犹太教）、古代波斯宗教（琐罗亚斯德教）、古代日本宗教（神道教）等。民族宗教是随着由部落联盟发展来的早期国家的出现而产生的，是维护民族国家的上层建筑。所以，民族宗教也可称为"国家宗教"或民族国家宗教。

（二）民族国家宗教的特点

民族国家宗教的产生标志着人类文明发展的进步。人类历史上最早的文明、最早的国家和最早的国家或民族宗教是同源的。世界民族国家的情形多种多样，但从总体上看，民族国家宗教与氏族宗教相比具有三个显著的特征：崇拜对象由多神转变为主神（至上神）或一神；社会上形成以宗教为职业的阶层；具有种族性或民族性。

1.崇拜对象由多神转变为主神或一神

在原始氏族社会时期，人间崇拜的神是多种多样的，可以说物有多少种类，神就有多少种。按当时人们的拟人化想象，仿佛四面八方到处都住着神灵，主宰着人们的生活和生产。古希腊人传说中的"众神住地"——奥林匹斯山上，就住有"众神之王"宙斯，以及太阳神、爱与美神、战神、月亮与狩猎女神、智慧女神、谷物女神、海神、酒神、火神等。其他古老民族的神话传说中，也都有其崇拜过的众多的神。那时候，与人间人与人的平等地位相适应，在神的世界里神与神之间也没有高低之分。

进入原始社会后期，由于生产工具的改进，人类活动的范围进一步扩大，氏族部落间的斗争也因而频繁激烈起来。适应这种社会发展的需要，由若干氏族部落联合起来的部落联盟形成了，这就带来宗教信仰上的相应变化：原有的氏族崇拜的保护神，只能从属于整个部落联盟共同信奉的保护神之下。随着更大的社会群体——民族的逐渐形成，原来氏族部落和部落联盟信奉的神，又按民族利益的需要发生新的变化：有些神被淘汰了，逐渐被人遗忘；有些神则被贬为掌管某一具体职司的神；而有的神越来越受到人们的重视，逐渐成为全民族崇拜的神。

当人类社会以它缓慢而坚定的步伐踏入奴隶社会后，随着阶级分化和国家的产生，人类的宗教信仰又出现了一种新的趋势，即神的世界也出现了等级划分。这种神的等级划分正是人间社会阶级划分的幻影。于是，人间王国的国家机构组织形式成了幻想反映中神的世界的组织形式，按照国王主宰臣民的形式，逐渐出现了两种类型的宗教形式：崇拜信仰唯一的神的宗教和崇拜信仰至上神的宗教。例如，古犹太民族（希伯来人）的犹太教，把上帝耶和华视为创世主和宇宙神，只信仰上帝这个唯一的神，古埃及宗教则以太阳神为至上神。我国商代也创造了一个与其奴隶制国家的最高统治者的权威相配合的最高神——"天帝"，把它当作支配自然界和社会的万能之神。可见，天上的至上的神或唯一的神，正是地上统一君主的反映。他们往往宣称王权来自神授，自称"天子"或"神的后代"。

2.社会上形成以宗教为职业的阶层

在原始社会的氏族宗教中，还没有专门从事宗教职业的人员，祭司和巫师是兼职的或临时的。主持群众性的宗教仪式和活动，是德高望重的人作为应尽的义务来完成的，许多氏族的首领、酋长同时也兼为氏族宗教的祭司。随着私有制、阶级和国家的产生，执掌政治权力的人与掌管宗教事务的人逐渐分开，以宗教为职业的人越来越多，社会上形成一个专门侍奉神灵、脱离劳动的特殊阶层——僧侣集团，并逐渐形成了一套等级森严的教阶制。居于这个宗教阶梯顶端的最高宗教首领，一般也是国家的君主。这样一来，不仅在宗教神话幻想世界中，君权来自神授，而且在现实的社会政治生活中，君权与神权也常常是直接统一的。这就使宗教越来越国家化，并使统治者得以按自己的需要去寻找、改造或建立一种新的宗教形式，以便为国家的利益即统治者的利益服务。

3.具有种族性或民族性

民族国家宗教也是历史上的种族宗教或民族宗教，它虽然具有明确的阶级实质，成了维护统治阶级利益的工具，但是它作为国家体制的一部分，把信仰本民族的至上神或唯一神，作为全体民众的强制性义务，不论男女老少，都得信奉，没有个人选择的余地。国家宗教是从民族的生存条件中产生的，并同这些条件一起生长和发展。其统辖的领域只限于本民族的范围，其习俗也和本民族的习俗大体相同。民族的神虽然允许异民族的神和自己并立，但不能允许它们居于自己之上。民族神一旦不能保卫本民族的独立和自主，它就会自取灭亡。因此，民族存在，它的神就存在；当一个民族国家衰落了，它的宗教也往往随之而衰落，具有显著的民族性。

第三节　世界宗教

一、世界宗教的内涵

世界宗教是由国家宗教发展起来的具有全球性、人类性的宗教。目前，佛教、基督教和伊斯兰教是三大世界性宗教。它们产生于一两千年以前的古代，但至今仍然存在，并保持着相当旺盛的生命力。它们孕育于特定的民族国家，但很快就突破了民族的范围，超出了国家的界限，对许多国家和地区的群众产生着强大的影响。

二、世界宗教的形成

世界宗教乃是民族国家宗教进一步发展的结果。在古代文明核心区，不同的国家和民族之间征战不断，最终导致幅员辽阔的奴隶制和封建制大帝国的产生。统治一个由众多民族、部落和氏族构成的大帝国，除了需要强有力的政治、军事和经济手段外，文化手段必不可少。在古代，这样的手段自然是宗教。但是，过去的民族国家宗教都有局限性。民族国家宗教特别强调社会等级，处于社会最下层的劳动人民往往被排除在它所关怀的范围之外。民族国家宗教的神灵也只保佑本民族和本国家的繁荣富强，而对其他民族和国家则置之度外。

正像民族国家的产生需要相应的民族国家宗教一样，跨地区跨文化的世界帝国的产生也需要相应的世界宗教。创造世界宗教的途径有两条，一是对国家宗教进行改造，一是对民间宗教进行改造。对国家宗教的改造，就是剔除其国家性和民族性，使它具有世界性。其中最重要的，就是要有一位超越本民族本国家的世界性的神。但是民族国家宗教的特点就是神化本民族和本国家，而贬低其他民族和国家。把民族国家的神灵扩展为世界性的神灵，就意味着放弃本民族的特权，而把原来国家宗教的神灵赋予自己的特权与其他被征服的民族共享，这对于既得利益者是相当困难的。

对民间宗教的改造则相对要简单得多。恩格斯说："在以前的一切宗教中，仪式是主要的事情。只有参加祭祀和巡礼，在东方还须遵守十分繁琐的饮食和洁净方面的清规，才能证明自己的教籍。罗马和希腊在这方面是宽容的，而在东方则盛行着一套宗教戒律，这在不小程度上促使它终于崩溃。属于两种不同宗教的人不能共同饮食，不能共同进行日常活动，几乎不能交谈。人与人之间的这种隔绝状态，是古代东方宗教大部分衰落的原因之一。基督教没有造成隔绝的仪式，甚至没有古典世界的祭祀和巡礼。这样一来，由于它否定一切民族宗教及其共有仪式，毫无差别地对待一切民族，它本身就成了第一个可行的世界宗教。"民间宗教中没有阶级特权，没有民族狭隘性，它适应一切被压迫人民和民族的需要，所以往往能受到普遍的欢迎。民间宗教获得被征服民族中的上层人士的信奉后，其内容可能会由粗俗变得高雅，其思想也可能由激进变得温和。在一定条件下，帝国的统治者会改变态度，对这种民间宗教由坚决镇压变为比较宽容，允许其存在，统治者就可能会利用自己的特权和地位介入这种民间宗教的内部事务，使它朝着有利于自己的方向发展。最后，统治者可能宣布这种民间宗教为国教，而废除其原来的旧宗教。这样，民间宗教就发展为新的国家宗教，而这种新的国家宗教就成为最初的世界宗教——世界性帝国的国家宗教。

世界性帝国的国家宗教能否最终发展为真正的世界宗教，还要受到许多因素的制约，包括宗教政治素质、文化素质和心理素质，等等。琐罗亚斯德教成了波斯帝国的国家宗教，但却没有发展为真正的世界宗教。犹太教只是犹太人的宗教，也没有发展为真正的世界宗教。只有古印度帝国孔雀王朝的国家宗教佛教、罗马帝国的国家宗教基督教、阿拉伯帝国的国家宗教伊斯兰教，最终发展为世界宗教，并流传至今。此外，恩格斯还说："犹太教由于有新的万能的神，原也有成为世界宗教的趋势。但是以色列子女在信徒和行割礼的人中，依然保持着贵族身份。连基督教也必须先打破犹太裔基督徒的优越地位的观念，才能变成真正的世界宗教。另一方面，伊斯兰教由于保持着它的特殊东方仪式，它的传播范围就局限在东方，以及被阿拉伯贝都英人占领和新殖民的北非。在这些地方它能够成为主要的宗教，在西方却不能。"

三、世界宗教的特点

世界宗教是宗教发展的最高阶段，它具有不同于传统的氏族宗教和国家宗教的新特点。

（一）超民族、超国家性

以前的氏族宗教和国家宗教都具有地域的和民族的局限性，不同氏族或不同国家崇奉的对象主要是本氏族或本国家的保护神，这些神不会超出本族或本国的界限，它们不仅彼此不同，而且往往互相排斥。世界宗教则不同，它已越过了民族血缘的关卡，超出了国家的疆界，进入了广阔的世界领域，越来越世界化，在不同种族、不同肤色、不同语言和不同国度里，都找到了自己众多的信徒。佛教的佛、基督教的上帝和伊斯兰教的真主，不再是某一特定民族或国家所专有的崇拜对象，而具有了超民族、超国家的普遍性。

（二）创建性

氏族宗教和民族国家宗教，都是古已有之、世代传承的传统信仰，没有任何特殊的个人作为它们的创建人。氏族宗教完全是自发的，是原始人类集体思维的产物，因而它没有一个确定的开端年代。民族国家宗教虽然带有更多的人为的因素，但它本质上依然是祖传宗教的延续。它经历了一个漫长的过渡期，因而它的开端也不可能是一个确定的年代。在以往的氏族宗教和民族国家宗教中，人们只能面对和接受既成的宗教体制和传统信仰，而不能有个人选择的余地。世界宗教在这方面是不同的，它虽然也必定从历史宗教中吸取思想材料，但它的产生并不是传统宗教的复制，而是对它的改造和重建。它是某个或某些特殊人物按自己的宗教信念创建的新型宗教。这种新宗教在其开始阶段，都是通过创建人的传教活动来争取人们的信仰，人们接受与否，是出于个人的自由选择。佛教、基督教和伊斯兰教这三大世界宗教，都有其确定的创建者及其开端年代，都是这些宗教的创建人释迦牟尼、耶稣、穆罕默德在传统之外另作选择、重新创建的。

（三）组织系统性

在以前的氏族宗教和民族国家宗教中，其体制和组织与社会体制和社会组织是直接统一的，氏族的长老、部落的酋长和国家的君主，往往就是主持宗教仪式活动的祭司长，在社会政治组织结构之外，没有也不需要建立独立的教会组织。三大世界宗教则不同，因为它们最初都是教主个人创建的，其信奉者是一个个、一批批皈依宗教的，其初必然是社会的少数，而且独立于当时的传统宗教体制之外。他们必须在新信仰的基础上建立自己的教会组织，才能扩大自己的影响，加强自己的力量。释迦牟尼的皈依者建立了"僧伽"组织，耶稣的基督徒建立了教会，穆罕默德的信徒则建立了组织严密的穆斯林公社。在进一步发展中，组织系统日臻完备，如系统的理论经典，严密的宗教机构，庞大的神职人员，规范的礼仪制度，雄伟的活动场所和强大的寺院经济。世界宗教的严密组织系统性，大大加强了自己对内控制、对外竞争的能力。

第四章　宗教的本质

马克思主义的宗教本质理论是马克思主义整体思想中的一个相对独立的思想体系，是必须认真对待和研究的一个方面。只有随着不断发展着的实践去深入研究马克思主义宗教的本质思想，才能不断揭示出它蕴含着的新内涵，充分认识它是不断发展的科学，是永远开放的体系，是绝对真理和相对真理的统一。马克思主义的创造者和他们的继承者都是在各自生活的社会实践基础上对宗教的本质思想进行了揭示和发展。

第一节　马克思、恩格斯的宗教本质思想

马克思、恩格斯立足于唯物史观，坚持在宗教发生、发展的历史背景和现实社会物质条件下探讨宗教的本质问题，马克思说："宗教从一开始就是超验的意识，这种意识是从

现实的力量中产生的。"马克思恩格斯对宗教的本质的研究贯穿在他们思想发展的始终。

马克思在《关于费尔巴哈的提纲》中写道："全部社会生活在本质上是实践的。凡是把理论引向神秘主义的神秘的东西，都能在人的实践中以及对这个实践的理解中得到合理的解决。"在这里，马克思明确指出社会实践是包括理论等精神现象在内的社会生活的本原或基础，同时也表明他不仅着眼于人的社会生活，而且主张立足于社会实践来考察社会生活中的精神现象。宗教这种神秘的精神现象也能在实践中以及对这个实践的理解中得到合理的解决。马克思主义者立足于各自所处的社会实践，对宗教的本质特征做了多层次的论述。

一、宗教信仰是一种消解了主体性的人的自我意识

"宗教就是那些没有获得自己或是再度丧失自己的人的自我意识和自我感觉。"这是马克思在《〈黑格尔法哲学批判〉导言》中指出宗教是那些还没有掌握自己命运的人的自我意识，是他们自我意识和自我感觉的异化。这个观点揭示

了宗教观念所表现出来的这样一种事实，即宗教信仰是人的自我意识异化了的一种表现形式。要理解宗教信仰是自我意识的异化，就必须首先要了解自我意识的内涵。

（一）自我意识的内涵

自我意识是指人们对自己作为人所具有的主体性的自觉意识。人的本质是实践性和社会性的统一。人的社会性的实践活动的根本特征是对象化，对象化是把思想转化为客观现实的过程，是人区别于动物的根本特征。而人的主体性正是指人所特有的这种能够进行对象化的实践活动的特点和能力。

（二）自我意识的表现

人基于主体性而形成的自我意识具体表现在以下四个方面。

第一，人的自我意识首先是作为主体的人对于作为客体的自然和社会处于主导和支配地位的自主性的意识，是一种自主、自立、自强的精神状态。人的主体性集中表现为人在实践中的自主性，这种自主性主要表现为人在实践活动中相对于作为客体的自然和社会，从根本上来说是处于主导和支配地位的；由于人具有改变自己与自然和社会的关系的能力，因此人的命运和前途从根本意义上来说是把握在自己手里，由自己来决定的。人的这种自主性和能力反映在自己的思想意识中，就形成了以自主、自立、自强为特征的自主性意识。

第二，人的自我意识还是一种关于肯定自身的要求和需要，肯定生命、生活的意义和价值的意识，是一种自尊、自重的精神状态。人的生活与动物的生存不同，动物只是按本能的特性进行活动，也就是在有肉体需要的情况下才进行活动。人有自主性、意识性，能够对自己的生命和生活的意义进行思考。这种思考是一种关于个人和人类的生命、生活的意义的有限性与无限性、短暂性和永恒性、欠缺性与完美性等关系的思考与意识。人的自主性和具有意识能力等主体性特点，使人在这种思考中形成了关于生命和生活意义的肯定性意识，即自尊、自重等价值意识和自尊、自重的精神状态。

第三，人的主体性意识还是一种关于人的能动性的意识，是一种主动、进取的精神状态。人的主体性还表现为人在实践中的能动性。人的对象化的实践活动是一种有目的的、自觉的活动，它突出地表现在作为主体的人在其与客体的相互关系中总是作为实践和认识活动的发起者和主导者而存在的。在人的精神活动中，作为人的这种能动性的反映，主要表现为人所具有的实践精神。这是一种人们在面对不适合人生存、发展的外部环境的情况下所采取的主动地、积极地去改变环境，而不是消极、忍耐或妥协、等待的态度。因此，人的能动性决定了人的自我意识本质上应该是一种主动、进取的精神面貌。

第四，人的主体性意识还是一种关于人的创造性的意识，是一种批判的、创造性的精神状态。人的创造性本质上主要表现为人们改造自然和社会的对象化的实践活动。人的需要具有多样性和复杂性，自然界不能现成地满足人们的这种需要。人们的实践活动可以以人化自然的方式创造人们所需要然而自然界中原本没有的事物，人们可以根据自己的需要改变不适合要求的社会关系和社会制度，创造符合自己要求的新的社会关系和社会制度。正如列宁所说："世界还会满足人，人决心以自己的行动来改变世界。"人的这种创造性反映在人的思想意识中，就形成了自觉的创新意识、批判意识和发展意识，因而这是一种批判性的、创造性的精神状态。

（三）宗教信仰是一种扭曲的、异化的自我意识

宗教信仰是人的自我意识在发展进程中的一种扭曲的、异化的表现形态。换句话说，宗教是那些还没有真实地认识到自身的现实社会关系处境的人的意识和感觉，现实生活的人由于不能把握自己的命运，才会产生对神的信仰的宗教意识。当人们"对物质上的解放感到绝望，就去追求精神上的解放来代替，就去追求思想上的安慰，以摆脱完全的绝望处境"，宗教的神灵崇拜则是这种寻求精神安慰的最有效方式。因此，宗教同样是人的自我意识，只不过这是一种在特定社会历史条件下出现的扭曲了的和异化的自我意识。

宗教信仰之所以是一种扭曲的和异化的自我意识，主要在于：

第一，人们丧失了自主、自立和自强的精神状态。

宗教通过神灵崇拜，丧失了人作为自然和社会的主导者和支配者地位的自主性意识，丧失了基于人的本质的主体性所形成的自我意识中原本应有的自主、自立、自强的精神状态。当然，宗教意识的形成并不意味着人们完全放弃了自己面对自然和社会的主导地位和支配地位，但是，人们再不是以自主、自立、自强的精神状态面对自然和社会，人们把

自己本质上原本应该具有的自主、自立、自强的精神让渡给神灵，由神灵来充当自然和社会即整个世界的主导者和支配者，而人们则成为受神灵支配的奴仆。宗教观念中的神灵创世说、神灵支配说正是人的自我意识丧失了自主、自立、自强的精神状态的集中表现。

第二，人们丧失了自尊、自重的精神状态。

宗教意识通过神灵观念的确立，使人丧失了自我意识中关于自身的要求和需要，关于人的生命和生活意义的自我肯定性的价值态度，也就是说，人的自我意识中丧失了作为一个人所应有的自尊、自重的精神状态。在宗教观念中，就人和神的关系来说，人被说成是低下的、有罪的、卑贱的、无价值的，而神灵则是伟大的、恩慈的、高贵的、价值无量的。神学家安瑟尔谟说：轻视自己的人，在上帝那里就受到尊重。不顺从自己的人，便顺从了上帝。可见，应当把自己看得很微小，这样，在上帝眼中，你就是大的；因为，你愈是为人间所蔑视，你就愈是得到上帝的珍视。于是，人们在基于人的主体性而形成的自我意识中所具有的那种对人的要求和需要、对人的生命和生活的肯定性的价值态度不见了，作为人的自尊、自重的精神状态丧失了。当然，人们创造出了宗教观念，并不意味着人彻底否定了人和人的生命、生活的意义，因为宗教其实正是以一种扭曲的和异化的方式在间接肯定着人、人的生命和生活的价值。在宗教观念中，人是被神创造出来的，它的价值在于人是神的仁慈和智慧的体现；人的生命和生活是按照神的意志和要求而发展的，所以人的生命、生活其实是神的目的和价值的体现者。由于神的观念是虚幻的，是由人创造出来的，因此宗教其实是在用神的名义肯定人。然而，虽然宗教是以扭曲和异化的形式在肯定人、人的生命和生活的价值，但是就人本身的自我意识来说，它毕竟以奴仆的身份和意识面对神，从而丧失了人之为人的自尊、自重的精神状态。

第三，人们丧失了主动性、进取性的精神状态。

宗教观念把神说成是世界上唯一的能动的主体，是包括人和自然在内的世界的创造者和宇宙秩序的安排者，于是人的自我意识中的能动性和人的主动、进取的精神状态也随之消解，甚至丧失了。在宗教观念中，既然世界是神创造的，宇宙的秩序是神安排的，那么，除了神任何人都不能改变世界的一草一木，任何人都不能改动宇宙的秩序。人们所能够做的只是接受和赞美现实的一切，从中体验神的伟大、神迹的神奇与不可思议。宗教要求人们面对现实困境的态度是忍耐，要求人们面对不合理、不公正现象的态度是逆来顺受。于是人们在这种安于现实、服从现实、赞美现实的态度中完全丧失了人的自我意识中的主动、进取的精神状态。

第四，人们丧失了创造性的精神状态。

宗教观念把神说成是世界上唯一的能动的主体，是包括人和自然在内的世界的创造者和宇宙秩序的安排者，于是人的主体意识中的创造性也就随之消解，甚至丧失了。在宗教观念中世界上的一切都是神创造的，世界上一切事物的存在都是神的意志和智慧的体现。所谓神创造猫是为了吃老鼠，创造老鼠是为了给猫吃，而创造猫吃老鼠是为了体现神的智慧的说法正是这种观念的写照。这样，在世界上已经出现了的事物和现象，就是天经地义地必然要出现的；在世界上所没有出现的事物和现象也就是理所当然的不可能、也不应该出现的。于是，这种逻辑告诉人们：人不能也不应该去消灭或改变世界上已经存在的事物和现象，不能也不应该去创造世界上没有的事物和现象。这样，作为人的自我意识中所应该具有的创造性也就丧失了。

总之，宗教观念是人的自我意识的扭曲的和异化的表现，其最主要的特征就是把人的自我意识中的基于人的主体性而形成的自主性、能动性和创造性的意识让渡给虚幻的神灵，剥夺了人之为人的自我意识中的积极进取的自觉意识和精神状态，从而使人成为被动的、消极的、丧失了主体性的存在物。

二、宗教是一种颠倒的世界观

宗教信仰不仅是自我意识的丧失，而且是人的世界观在幻想中的展现。这种颠倒的世界观表现在两方面：人的本质在幻想中的实现和颠倒的社会意识。

（一）宗教是人的本质在幻想中的实现

宗教是人的本质在幻想中的实现是由费尔巴哈最先提出，马克思转述并赋予它新的思想内涵。马克思在《关于费尔巴哈的提纲》中指出："费尔巴哈把宗教的本质归结于人的本质，但是，人的本质不是单个人所固有的抽象物，在其现实性上，它是一切社会关系的总和。费尔巴哈没有对这种现实的本质进行批判，所以他不得不：（1）撇开历史的进程，把宗教感情固定为独立的东西，并假定有一种抽象的、孤立的人的个体。（2）因此，本质只能被理解为'类'，理解为一种内在的，无声的，把许多个人自然地联系起来的普遍性。"从这段论述中可以看到，马克思是从人的社会性和实践性相统一的观点来解说人的本质，并在此意义上把宗教看作是人的本质在幻想中的实现。马克思、恩格斯在《德意志意识形态》中又进一步指出："人们迄今总是为自己造出关于自己本身、关于自己是何物或应当成为何物的种种虚假观念。他们按照自己关于神、关于模范人等观念来建立自己的关系。他们头脑的产物就统治他们。他们这些创造者就屈从于自己的创造物。"宗教不仅是"种种虚假观念"，而且人类所信奉的各种神灵都是人们根据自身创造出来的，即神灵是人本质的异化，是一种人格化的超自然的存在，在这种异化关系中，宗教使人沦为神灵的附庸，人在异己的神力面前感到的只是恐惧、屈辱和无能为力，人类丧失了起码的人之为人的主体地位和尊严，成为被所谓神灵宰制的他者。因此，马克思认为，在阶级社会中生产关系和国家制度严重地束缚着人的生命潜能的发挥，使人的本质得不到真正实现，人们便诉诸于宗教信仰，在其中使人的本质得到幻想的实现。

（二）宗教是一种颠倒的社会意识

宗教信仰就个人而言是自我意识的丧失和人的本质的虚

幻表现，就社会而言则是社会意识的颠倒。宗教是一种特殊的社会意识形态，是对人们现实社会虚幻的反映，是一种唯心主义的颠倒了的世界观。"这个国家、这个社会产生了宗教，一种颠倒的世界意识，因为它们就是颠倒的世界"。这个世界之所以需要以宗教为精神抚慰，在于这个世界本身有局限性。马克思还指出："宗教里的苦难既是现实的苦难的表现，又是对这种现实的苦难的抗议。宗教是被压迫生灵的叹息，是无情世界的心境，正像它是无精神活力的制度的精神一样。宗教是人民的鸦片。"宗教许诺给人们的幸福和尊严是虚幻的不真实的，只能带给人们暂时的精神慰藉，它麻痹人的精神，消磨人的抗争意识，尤其在资本主义时代，宗教作为人思想观念的产物与资本主义相结合，成为资产阶级宣扬其自由平等的颇具迷惑性的手段。

（三）宗教是以"超人间的力量"反映和支配人间力量

马克思在《〈黑格尔法哲学批判〉导言》中说："反宗教的根据就是：人创造了宗教，而不是宗教创造了人。""人就是人的世界，就是国家、社会。""国家、社会产生了宗教，即颠倒的世界观，因为它们本身就是颠倒了的世界。""人的自我异化的神圣形象被揭穿以后，揭露非神圣形象中的自我异化，就成了历史服务的哲学的迫切任务。"在《德意志意识形态》中，他对此更为明确地阐述道："宗教本身既无本质也无王国"，在宗教之中，人把自己的经验世界变成了一种思想中的本质，而这个本质是一种与人本身相对立的异己物。要了解宗教的本质，就必须到宗教存在的现实物质世界中去寻找。可见，在当时的马克思看来，宗教这种意识形态是依存于社会存在的，宗教完全是一种"颠倒的意识形态"，是一种异化了的自我意识。恩格斯则从认识论的哲学维度发展了马克思关于宗教本质的理论。他在《反杜林论》中指出："一切宗教都不过是支配着人们日常生活的外部力量在人们头脑中的幻想的反映，在这种反映中，人间的力量采取了超人间的力量的形式。"恩格斯的这一经典概括揭示了宗教的内容和对象，阐明了宗教观念的特殊表现形式，即人间力量表现为"超人间力量"，并且还指出了人间力量之所以"超人间化"的原因，故此清楚地说明了宗教的自身所特有的、与其他社会意识形态区别开来的本质规定性。

马克思、恩格斯有关宗教本质的论断，为无产阶级锻造了认识宗教的思想武器。但是，马克思、恩格斯的宗教思想是研究宗教问题的指导性原则，并不是包治百病的灵丹妙药。随着时代急剧变革，社会主义革命提到历史日程时，就要求从理论和实践两个方面来完善和发展马克思、恩格斯的宗教思想，使马克思主义宗教理论与时俱进。

第二节　普列汉诺夫对宗教本质理论的贡献

普列汉诺夫是一位在国际上颇有盛誉的马克思主义哲学家，其"全部哲学著作"被列宁誉为"整个国际马克思主义文献中的优秀作品"，"应当成为必读的共产主义教科书"。普列汉诺夫的"全部哲学著作"中包括一些专论和兼论宗教问题的作品，这些著作是对马克思主义宗教学说的继承和巩固，值得认真学习。

一、普列汉诺夫研究宗教是时代的需要

（一）普列汉诺夫研究宗教的目的

了解普列汉诺夫宗教思想，首先要弄清楚普列汉诺夫为什么研究宗教、他研究宗教的武器和工具是什么，即普列汉诺夫研究宗教的目的和方法，这样才能深入地认识和把握普

列汉诺夫的宗教思想。

作为一个马克思主义者，普列汉诺夫的宗教研究自觉地以马克思、恩格斯的宗教思想为其理论基础，并力图结合当时俄国的特殊情况，捍卫和发展了马克思、恩格斯的宗教思想。

20世纪初期，由于理论斗争和实际斗争的需要，普列汉诺夫吸取资产阶级宗教学的合理成分，与各种各样错误的宗教学说展开论战，捍卫和阐发了马克思主义宗教学说。这个时期，是他系统论述宗教问题的时期，也是他对马克思主义宗教理论做出巨大贡献的时期。俄国第一次资产阶级革命失败后，反映资产阶级、小资产阶级颓废、悲观心理情绪的颓废主义、宗教唯心主义在社会上极度泛滥，甚至社会民主党内以卢那察尔斯基为首的一伙人也开始宣扬宗教。这时，普列汉诺夫敏锐地意识到这股反动思潮对工人运动和社会民主党的威胁和危害，于是他毫不犹豫地起来战斗。1909年，普列汉诺夫发表了其宗教研究中最为著名的《论俄国的所谓宗教探寻》等一系列著作，主要批判了造神论和寻神论。第一次世界大战爆发后，国际社会急剧动荡的形势吸引了普列汉诺夫的大部分注意力，当时如何对待战争、和平与革命成为摆在人们面前最重大、最迫切的问题。尽管如此，普列汉诺夫仍然坚持写作和完成了《阿·德波林〈辩证唯物主义哲学入门〉一书序言》（1916）、《从唯心主义到唯物主义》（1917）和《俄国社会思想史》的第二卷（1915）、第三卷（1916），在这些著作中有很大一部分内容论述了宗教和宗教哲学的发展史。

20世纪初期，由于新托马斯主义、新康德主义与"寻神论"、"造神论"给无产阶级运动带来了巨大危害。"寻神论"认为道德以相信神的存在为基础；"造神论"希望有一个无神的宗教，认为马克思主义世界观的伦理准则如果具有宗教形态，将更易于为群众，特别是为信教的农民所理解，等等。为了同这些思想进行辩论，澄清事实，使工人阶级从思想上认识宗教的本质，普列汉诺夫不得不奋起捍卫、阐发马克思主义的宗教学说。因此，关于宗教和道德的关系问题以及宗教的内部组成问题就在普列汉诺夫宗教研究中占有重要位置。所以，普列汉诺夫研究的目的既有捍卫和发展马克思主义的需要，也有为俄国工人运动服务的需要。

1.发展马克思主义的思想体系

普列汉诺夫敏锐地意识到，"马克思的唯物主义哲学的出现，是人类思想史上绝无仅有的一次真正的革命，是最伟大的革命"。而保卫这一伟大革命的思想成果的最好方式，就是继续把它推向前进，用新的思想加以充实和完善。"为确定新学说的一些基本原理，必须继续对与之有关的问题的细节进行研究，即是补充和完成《共产党宣言》作者们在科学中所实现的革命的那种研究"。因此，普列汉诺夫一贯自觉地"运用马克思的方法来研究马克思和恩格斯没有时间研究的那些知识领域——比如研究各种思想体系的历史：艺术、宗教、哲学"，即把注意力集中于同马克思和恩格斯在创立自己的学说时所必须首先突出强调的重点比较而相对忽略了的问题。普列汉诺夫对宗教领域的研究，就体现在运用马克思主义方法开拓新领域的研究。其理论成果是《论俄国的所谓宗教探寻》中的第一篇《论宗教》和他对宗教批判学说史的研究。

2.服务于工人运动实践的需要

普列汉诺夫论及工人运动实践中的宗教问题最早源于他对社会主义和宗教问题的关注。1905年，普列汉诺夫作《科学社会主义和宗教》的讲演，此时，他还认为这个问题没有涉及到任何一个当前迫切的问题。但是，他之所以作这个演讲，除了理论建设的需要以外，还存在着这样一个实际问题，即各国社会主义政党对教权派的态度问题，而在俄国国内存在着教会分裂派和教派主义分子。同年，在《费尔巴哈及德国古典哲学的终结》第二版增写的注释中，也明确指出"各国社会主义政党对教权主义的关系问题""具有明显的实际意义"，并针对当时党内流行的错误观点"宗教是个人的事"发表了意见。俄国第一次民主革命失败后宗教思潮的泛滥引起普列汉诺夫的警觉，1907年，在他宗教研究中最为著名的《论俄国的所谓宗教探寻》篇首，多次强调关注宗教问题的现实意义，指出俄国的所谓宗教探寻"是当前最受人注意的问题之一"，俄国的"'寻神说'很值得严重注意"，"寻神派和造神派的宗教宣传根本不像乍看之下那样与政治（广义的）无关"，因此，现在到了"不注意宗教问题就可能引起极为可悲的后果的时候。现在，应该很认真地考虑和谈论宗教问题"。所以，普列汉诺夫的宗教研究主要集中于这个时期不是偶然的。

（二）普列汉诺夫宗教研究的方法

研究角度及方法的不同，对研究对象的理解就不同。普列汉诺夫在《论一元论历史观之发展》中指出："同一的宗教适应着信奉它的各民族的经济发展的阶段而本质地改变了它自己的内容。"普列汉诺夫在其理论研究中非常重视研究方法的作用，认为"方法无疑是任何一个哲学体系的灵魂"，在每一个严肃的体系中具有决定性意义。他认为历史唯物主义把我们从哲学研究中的矛盾迷宫中解放了出来，指给了我们一条科学研究的安全道路；而且马克思的方法为所有一切曾经使用过的方法中最革命的方法。因此，普列汉诺夫的宗教研究自觉地以历史唯物主义为指导，即始终遵循社会存在决定宗教意识的方法论原则。

马克思指出："事实上通过分析来寻找宗教幻想的世俗核心，比反过来从当时的现实生活中引出他的天国形式要容易得多。后面这种方法是唯一的唯物主义方法，因而也是唯一科学的方法。"普列汉诺夫的宗教研究始终贯彻着这个从现实生活出发解释宗教现象的唯物主义方法论原则。譬如他在其第一篇专门论述宗教问题的《科学社会主义和宗教》演讲中指出："不是意识决定存在，而是存在决定意识：思想方式[决定于]——生活方式。生活方式就是经济。整个思想体系，归根到底都是经济发展的结果。宗教也是这样。"他的巨著《俄国社会思想史》序言第一句话就是："在这部研究俄国社会思想史的著作里，我是从历史唯物主义的一个基本原理、即不是意识决定存在，而是存在决定意识出发的。"

　　普列汉诺夫在大致地勾勒宗教意识的发展变化时，也始终贯穿着"社会存在决定宗教意识"的原则。他指出，自然宗教转变为社会宗教，就是因为生产力的发展引起了社会环境的变化，社会环境的变化又引起了宗教观念的变化。在这个时候，"曾经不过是自然力的体现的神，变成了这种或那种所有制、家庭、国家结构和国际关系的庇护者甚至幻想中的创造主"。普列汉诺夫说，如果人按照自己的样子创造神，那么十分明显，他也将按照他所熟悉的、在他所处的社会中占统治地位的关系的样子来想象他对"最高力量"的关系。起初，在原始部落中，神与人之间的关系很像契约关系，他们之间是互惠对等的；但是后来随着社会的发展，这些关系发生了变化，人们越来越认为自己隶属于神。这种隶属关系在君主专制国家中达到了顶点。如果说在希腊的奥林匹斯山占统治地位的关系很像英雄时代希腊社会的结构，那么在东方的专制国家中，人们就把主神想象为东方暴君的样子。在资产阶级登上历史舞台后，随着他们限制王权的愿望，产生了"自然宗教"和自然神论的倾向。普列汉诺夫说，自然神论是这样一种观念体系，他用自然规律从各方面限制神的权利。自然神论就是天上的议会政治。

二、普列汉诺夫宗教本质理论的基本内容

普列汉诺夫关于宗教的本质理论集中体现在他给宗教下的定义。在这个问题上，普列汉诺夫继承了马克思、恩格斯的基本观点，立足于现实斗争的需要做了进一步的探索。

（一）什么是宗教

普列汉诺夫非常重视宗教定义的研究，因为对"什么是宗教"的看法，既是他的宗教理论的出发点，为批判各种荒谬的"宗教探寻"打下坚实的基础，又直接关系到普列汉诺夫当时的社会政治斗争需要，所以普列汉诺夫就研究宗教的"最一般的特征"。

普列汉诺夫对宗教的认识有一个不断深化、发展的过程，是伴随着同形形色色的人物和各种错误观点论战中展开的。普列汉诺夫研究宗教最早可以追溯到19世纪90年代初期。他在《唯物主义史论丛》中指出："宗教是人们在自己头脑中反映实际情况时所采取的幻想的形式。实际情况是原因，宗教是结果。如果跟着唯心主义走，就能够说出相反的

话，就可以说，人们的实际情况是由于宗教观念而来，然后把我们认为是结果的东西当作原因看待。"这个观点可看作是普列汉诺夫对宗教的理解，还不是对宗教的定义。普列汉诺夫结合俄国的斗争实际，对宗教和道德的关系问题，以及宗教的内部构成要素等问题进行了深入研究，形成了别具一格的宗教定义。

1.宗教是人对超人力量的依赖

1901年普列汉诺夫在日内瓦作《唯物主义历史观》讲演时所说："什么是宗教？宗教有无数的定义。至于说到我自己，我比较喜欢德阿尔维也拉·霍布莱伯爵的定义。即把宗教理解为人用以实现其对超人的神秘力量——人以为自己就依赖于这些力量——的关系的形式。"在这里，他把宗教看作是一种"关系形式"，一种超越人的神秘力量。从他的宗教思想发展历程上看，这一定义并没有超出一般唯物主义的理解。

1905年俄国第一次资产阶级革命前夕，普列汉诺夫在苏黎世作了题为《科学社会主义和宗教》的讲演。在讲演提纲中，他写道："在历史上，只有在肯定了社会的人与某些力量的联系时，即社会的人承认有灵存在并认为它对自己的命运可能有影响时，才能认为宗教产生了"，"而神是什么呢：神是野蛮人与之建立道德依存关系（religio），我指的是友善关系的那种灵"。野蛮人崇敬这种灵，并且"企图用贿赂、祭礼去博得"这种灵的好感，而这种灵（即神）保护野蛮人。可以看出，这些叙述的基本思想同第一个定义是大体相同的，都是在指人与神秘力量的关系。不过，普列汉诺夫此时开始对宗教的构成进行分析。他说，宗教里面有两种因素：世界观和社会道德。这不仅开始将宗教观念独立划分出来，而且也开始注重对宗教中道德因素的考虑。同时，他还专门分析了宗教心理，指出"在这个问题上，费尔巴哈所作的分析至今仍是正确的"，等等，并且引用了一些马克思、恩格斯对宗教心理分析的经典论述。

1907年，在《评安东尼·潘涅库克的一本小册子》中，普列汉诺夫针对潘涅库克给宗教所下的定义，即"对某一个似乎统治并支配人们命运的超自然实体的信仰"提出了批判。他指出："第一，大多数宗教都认为统治世界的不是一个而是许多个超自然实体（多神教）。第二，相信这些实体的存在，还不是宗教的主要特征"。"宗教的主要特征是对神或诸神的信仰"，"当然，每一个神都是超自然实体，但决不能把一切超自然实体都看作神。这样的实体必然经过一整套进化过程，才能变为神"。他还进一步提请读者注意潘涅库克是由于什么原因而不恰当地谈论宗教的本质特征的，那就是他试图回答当时一些人对宗教和道德的关系问题所持有的错误观点。但是潘涅库克自己对此也没有一个正确的认识，他认为"迄今为止"道德总是"与对超自然实体的信仰密切联系着"。普列汉诺夫指出，但是事实并非如此，"在社会发展的最初阶段，道德的存在与对超自然实体的信仰完全无关"。

在这个阶段，虽然普列汉诺夫对宗教行为方面和宗教心理方面都有所考察和论述，但他的注意力还是主要集中在考虑和阐述道德和宗教的关系上。同时，他对宗教观念发展的两个阶段也有了比较明确的认识和阐述。这两个阶段即万物有灵阶段和宗教观点与道德相结合的阶段。普列汉诺夫认为，在后一个阶段宗教才产生。

1907年，普列汉诺夫在对《法兰西信使》杂志所作的宗教前途问题的调查答复时，给宗教下了两个定义。一是"宗教一词最低定义"，即"宗教是对于同肉体和自然过程并存的精神实体的信仰"。在后来的著作中，他进一步解释说，这种宗教"就是一般地相信鬼神的存在。起初这种信仰对人的行动没有任何影响，当时它作为社会发展的‘因素’没有任何意义，所以只有在附有很大保留的条件的情况下才可以把它叫作宗教”。二是“宗教一词最高定义”，即“宗教是同道德相联系并作为道德准则的、对精神实体的信仰”。在这篇著作中，普列汉诺夫参考英国的原始文化研究者爱德华·贝·泰勒的研究成果，结合宗教观念的演化，以宗教观念是否和道德相结合为划分依据将宗教现象划分为两个阶段，并且分别从“最高”和“最低”两个角度给宗教一词下了定义，非常具体明确，是上一个阶段普列汉诺夫对宗教现象研究思考的合乎逻辑的发展结果。一方面，由于这篇著作是对“我们是否参与宗教观念和宗教感情的瓦解或进化”这一具体问题的答复，由于此时普列汉诺夫主张“信仰”说，这样，普列汉诺夫就必然把宗教观念和宗教感情包括在宗教定义之内；另一方面，“信仰”只是一种主体状态，它虽然可以包括宗教观念、宗教情绪等在内，但是却不能包括宗教的行为和活动。因此，这就为普列汉诺夫进一步分析研究宗教的构成提供了必要性和可能性。

2.宗教是一个严整的体系

普列汉诺夫在1905年就开始对宗教的构成进行研究。他说，宗教里面有两种因素：世界观和社会道德。但这时侧重宗教与道德的关系研究，还没有深入宗教本身的构成要素研究。随着社会的发展，涉及到对宗教本身的构成要素的理解，所以普列汉诺夫就加强了对宗教构成要素的研究。经过两年左右的深入研究和思考，普列汉诺夫在《论俄国的所谓宗教探寻》中认为，"可以给宗教下这样一个定义：宗教是观念、情绪和活动的相当严整的体系。观念是宗教的神话因素，情绪属于宗教感情领域，而活动则属于宗教礼拜方面，换句话说，属于宗教仪式方面"。这个定义，应该说所适用的宗教现象是和他借用的那个宗教定义和"宗教一词最高定义"所适用的大体相同，但是却是更高水平的发展和综合。它的主要特点在于指出了宗教是一个严整的体系，并且指明了构成宗教的三个基本要素，这和现在普遍认可的对宗教的构成要素的分析是基本相符的。这个宗教定义和普列汉诺夫1907年的宗教定义相比较，其视角是不同的：1907年的宗教定义所要回答的问题是有关宗教演化、发展的问题，阐明的是历史进化中宗教和道德的关系；这个定义则是为批判"寻神论"、"造神论"对宗教的错误认识而对宗教现象所作的静态分析，主要是划分宗教内部的组成因素。这个宗教定义又是普列汉诺夫结合当时现实斗争实际情况在前者基础上进一步思索的结果——所谓"寻神"和"造神"归根到底都是由于人们对宗教和道德的错误认识引起的；"寻神论"、"造神论"的出现和泛滥使得普列汉诺夫更加重视宗教的感情和心理；而且"信仰"一词的内涵相对来说比较宽泛、含糊，需要进一步的界定。另外，这个宗教定义是普列汉诺夫自己探索、研究宗教问题的独特成果，而前者尚有一定的借鉴痕迹。

因此，关于宗教和道德的关系问题以及宗教的内部"构成"问题就在普列汉诺夫的宗教研究中占有重要位置，并最终形成了其独具特色的宗教定义，丰富和发展了马克思主义的宗教本质理论。

（二）万物有灵论观念是宗教的基础

普列汉诺夫对宗教定义的探讨，不仅是批判当时关于宗教问题的错误观点、思潮的成果，更主要是为进行政治斗争提供锐利武器，捍卫马克思主义宗教学说。1909年，普列汉诺夫在《论俄国的所谓宗教探寻》中"分析宗教的组成因素之后得出结论"：宗教中的观念具有万物有灵论的性质；宗教仪式是由于万物有灵论的思想同一定宗教活动的结合而产生的；根源在于一定社会关系的基础上生长起来的人们的感情和愿望、并随社会关系的变化而变化的宗教情绪，也与万物有灵论相联系。因此，"想从宗教中把万物有灵论因素排除掉的任何企图，都是同宗教的性质相矛盾的，因而注定是要失败的"。

万物有灵论是英国人类学家泰勒提出的理论。这种理论认为原始人通过对梦境、幻觉、睡眠、疾病、影子、映像、回声、呼吸等现象的认识而产生了存在非物质性独立灵魂的观念，而灵魂在物体中的去留决定着物体生命的有无。泰勒因而采用拉丁文aniMa（意即灵魂、生命或气息）来为之命名，认为原始人相信aniMa可存在于万事万物之中，故称万物有灵。在泰勒看来，一切宗教，不管是发展层次较高的种族的宗教，还是发展层次较低的种族的宗教，它的最深层、最根本的根据是对"灵魂"或"精灵"的信仰。普列汉诺夫在原则上基本同意泰勒的观点，并做了历史唯物主义的解释。普列汉诺夫认为，宗教观念具有万物有灵论的性质，"这是毫无例外的一般原则"。许多人——甚至有些极有声望的著作家认为佛教是无神论的宗教，或者说是不具有万物有灵论观念的宗教。普列汉诺夫以里斯-戴维斯为代表，用他自己的著作表明，佛教徒是如何强烈的信仰奇迹，"而哪里有奇迹，哪里就有万物有灵论"。普列汉诺夫指出，有些人错误地把佛教看成无神论的宗教，其原因在于这一宗教中所说的人同神和精灵的关系，跟基督教中所说的是根本不同的。在佛教中关于人同神的关系的观念确实具有极其独特的形式，但是，这一复杂的观念具有极其独特的形式，并不等于排除关于神和一般精灵的观念。普列汉诺夫再次强调："没有万物有灵论观念的宗教，是从来没有的，而且正如我所说的，是不可能有的。"

普列汉诺夫认为，上述结论帮助人们"了解现代俄国宗教探寻的性质"，其中一些探寻企图复活现在垂死的万物有灵论观念，一些探寻企图排除宗教中的万物有灵论观念，而保存它的其他因素。这些探寻即指"寻神论"和"造神论"。普列汉诺夫正是根据自己的研究成果捍卫马克思主义宗教学说的。

普列汉诺夫在其宗教学研究名著《论俄国所谓的宗教探寻》第二篇《再论宗教》的《当前我国创立没有"超自然"因素的宗教的尝试》中，批判了托尔斯泰、卢那察尔斯基和高尔基所谓的"无神的宗教"。列·尼·托尔斯泰认为："宗教确定人同万物本原的关系，确定由此出现的人的使命和由此使命而引起的行为准则"；"真正的宗教，是人对其周围的无限生活所建立的、同人的理性和知识相一致的关系，这种关系把他的生活同这种无限性联系起来并指导他的行为"。托尔斯泰自己认为他的宗教无超自然因素。普列汉诺夫则认为，托尔斯泰之所以要把这种并不是宗教的"东西"当作宗教，是因为托尔斯泰以为"人一确定自己对'万物本原'的关系就确定了自己的'使命'"，而这个"使命"的前提之一，就是要有向人提出人的"使命"的实体或力量，在托尔斯泰看来，这个实体或力量就是上帝。同时，他又认为上帝是一种精灵，而精灵是什么呢？"是用他的意志引起自然现象的实体"，即"超自然的实体"，所以"托尔斯泰认为自己的宗教没有对'超自然物'的信仰，是错误的"。普列汉诺夫接着指出，虽然在不同的历史时代，对精灵的信仰具有不同的形态，以致引起抱有同样万物有灵论观点的人彼此之间的误解，但是这种误解"丝毫也没有消除他们所共有的信仰的基本性质。这一信仰就是相信一个或数个'超自然'力量的存在"。普列汉诺夫据此得出结论："正因为他们所有的人都具有这种信仰，所以他们都有宗教。没有万物有灵论观念的宗教是从来没有的，而且是不可能有的，因为宗教观念总是或多或少地带有万物有灵论性质。"

《再论宗教》的主要批判对象是卢那察尔斯基和高尔基。针对卢那察尔斯基所谓的"无神的宗教"，普列汉诺夫一针见血地指出："卢那察尔斯基先生所杜撰的宗教，只是暂时'无神'的。"并引其一段论述证明说："不包含万物有灵论观念的宗教是不可能有的。企图杜撰无神宗教的人'猜想产生于牛和驴之间的神是如何壮大起来'，这就表明我是正确的：无神的宗教是没有的；哪里有宗教，哪里就一定有神。"普列汉诺夫在批判地分析卢那察尔斯基"宗教是从心理上解决生活规律和自然规律的对立的关于世界的思想和世界感觉"的宗教定义时，指出卢那察尔斯基正是由于"信奉马赫和阿芬那留斯的'哲学'理论"，才"在物理世界规律同我们的真理、理想、我们的道德世界之间找不到任何共同之点"。在卢那察尔斯基看来，科学并不关怀人类的价值命运，不能解决人们对幸福的向往、对理想的追求等问题，因而就不能向人们提供信心，所以人们就需要宗教给予安慰。普列汉诺夫指出，既然卢那察尔斯基认为宗教能够在人们陷于烦恼的时候给人们以某种安慰，那么，虽然他并不承认，但在事实上就意味着他"必须承认凌驾于自然之上的'道德力量'的存在"。但是，事情并非到此为止。普列汉诺夫引述卢那察尔斯基的论述证明他自己所谓的无神的宗教，"有着一种不可抑制的愿望"，想至少产生一个男神和至少一个女神。据此，普列汉诺夫尖锐地讽刺说，"神父，我仍然非常感谢您，因为您虽然答应给我们无神的宗教，但您没有坚持，却想出了'神'—人类，并编了适当的赞歌来赞美他。您用这一点证明了——当然，您丝毫也不希望这样——我的思想的正确：宗教观念任何时候都具有万物有灵论的性质。您的宗教无非是时髦的游戏。但是，它也有着所有一切宗教都具有的逻辑：醉心于这一游戏的人，尽管没有万物有灵论者所具有的信仰，却心不由己地用万物有灵论者的语言说话。宗教的逻辑迫使着他们！"关于高尔基的《忏悔》，普列汉诺夫认为是对"新宗教"的宣扬，高尔基本人则扮演着卢那察尔斯基先生的"第五宗教"的宣传家，但是与卢那察尔斯基相比，他想给社会主义披上宗教法衣的企图失败得更惨。普列汉诺夫指出，把一切社会感情都称为宗教感情，其错误是十分明显的。按照高尔基的信仰，未来的神"是将由达到自我意识的无产阶级同全体人民合作而'建造'出来的神"。所以，高尔基和卢那察尔斯基是从承认神是虚构开始，而以承认人类是神结束。普列汉诺夫指出，"在我国现代造神说中有一些变种，其中每一种变种都反映着特殊的心理情绪和特殊的社会'探寻'。但是，它们都具有一个共同的特征：这就是根本不能解决自由和必然之间的二律背反"。"凡是……从事造神的人，必然会背弃辩证唯物主义，犯一些理论上的错误"。《论俄国的所谓宗教探寻》的第三篇文章是批判"寻神论"的。普列汉诺夫指出，明斯基与梅列日科夫斯基都不能摆脱万物有灵论观点，都是从万物有灵论观点观察世界的。为什么他们不能摆脱万物有灵论的观点呢？因为他们也与"造神论"一样不了解"自由"与"必然"二者的辩证关系，因此在地上迷了路。因为在地上迷了路，所以他们寻找上天堂的道路。在他们看来，神是自由、幸福的源泉、"是人类的道德复兴和一切社会进步的必要条件"，认为"如果没有上帝，那就可以为所欲为了"。其次，登峰造极的资产阶级个人主义使得他们把自己的不朽问题看成存在的主要问题，而只有从宗教的观点来看，从神的存在来看，永生不死才是毫无疑问的。

普列汉诺夫在系统地研究和批判"寻神论"、"造神论"的时期，还对安东尼·潘涅库克、玛·居友等人的不恰当的宗教定义作了批评。在这些批评中，仍然贯彻着这样的认识："宗教的特征是对神或诸神的信仰。"

（三）宗教的进化决定于经济的进化

宗教是观念、情绪和活动的相当严整的体系；在这个体系中，宗教观念即万物有灵观念占据着核心位置。那么，再深一步追问，宗教观念又是什么所决定的呢？在这个问题上，普列汉诺夫的观点是很明确的，他多次指出：社会存在决定宗教意识，并将其贯穿在整个宗教研究之中。

从历史唯物主义的角度看，宗教作为一种意识形态，从终极意义上看，是由社会存在所决定的，这是最基本的原则问题。普列汉诺夫力图从更深的层次来把握宗教问题。在他第一次对宗教本身进行了研究的《唯物主义历史观》中，普列汉诺夫在最后对宗教作总结性的概括："人关于神灵所逐渐形成的观念，随着社会的改变而改变。只是在比较说来非常进化的人们的社会里，宗教才成为社会生活的'因素'。但是，正像我们已经看见的，这个因素是社会进化所造成的。如果我们能把后者同经济发展联系起来，我们就完全能够说，宗教的进化决定于经济的进化。"数年后，普列汉诺夫再次指出："不是意识决定存在，而是存在决定意识：思想方式[决定于]——生活方式。生活方式就是经济。整个思想体系，归根到底都是经济发展的结果。宗教也是这样。"这是在他系统思考宗教问题开端的《科学社会主义和宗教》演讲中开题的话，颇具重要意义。在讲演中，普列汉诺夫还将这一提法具体化为"关于神的作用的不同观念，是与经济发展的每一个阶段相适应的"；并以罗马神话中的丘比特为例，指出丘比特最初只同白昼的光、明朗的天相联系。随着畜牧业和种植业的发展，人们就把他看成了种植业的庇护者；随着交易的发展，他又成了契约的守护者，等等。就在同一时期，普列汉诺夫在《论一元论历史观之发展》第二、三版序言中还反驳了库德林对历史唯物主义的责难，回答了为什么同一个宗教有时为站在完全不同的经济发展阶段上的各民族所信奉的问题，指出："在这种情况下，'同一的'宗教适应着信奉它的各民族的经济发展的阶段而本质地改变了它自己的内容。"

总之，普列汉诺夫对宗教定义的探讨，不但在反对当时种种错误的宗教思潮方面具有实践意义，对于马克思主义宗教思想发展也具有一定的理论意义。他将宗教看作是包括宗教观念、宗教情绪、宗教活动三个因素的严整的体系，这就在理论上加深了对宗教的认识，突破了仅仅将宗教作为思想体系来看待的观念。因为宗教的核心固然是宗教观念，但是如果宗教观念没有宗教感情和宗教活动的外在表露，就不能称之为宗教。普列汉诺夫这种观点还造成了深远的影响，譬如新时期中国宗教政策拨乱反正性质的中共中央1982年19号文件《关于我国社会主义时期宗教问题的基本观点和基本政策》中，就曾间接地将宗教划分为"宗教信仰、宗教感情，以及同这种信仰和感情相适应的宗教仪式和宗教组织"四个因素。但是，普列汉诺夫的宗教定义也有很大的不足。这表现在虽然他将宗教观念看作是宗教的核心，但是这个思想在其宗教定义中没有得到反映；同时，他还忽略了至关重要的宗教组织问题。这个定义与恩格斯《反杜林论》中的宗教定义相比，更没有揭示出宗教的内容是世俗的内容，宗教观念是虚假的观念。如果只从他的宗教定义而不结合他后文的相关论述，就会造成这是宗教人类学学者的宗教定义，而不是以唯物主义为基础的无神论的宗教观点。

第三节　列宁对宗教本质理论的论述和实践

随着马克思主义的胜利传播和国际共产主义运动的普遍开展，马克思主义政党在当前斗争和未来社会主义社会中，如何对待和处理好宗教问题，是摆在各国马克思主义政党和领导者面前亟待解决的理论问题和实践问题。列宁在同第二国际机会主义者关于宗教问题的论争中，继承、捍卫和发展了马克思主义的宗教理论，写出一系列专门论述宗教和无神论问题的著作，主要有《社会主义与宗教》、《论工人政党对宗教的态度》、《各阶级和各政党对宗教的态度》、《论路标》、《论拥护召回主义和造神说的派别》以及《致阿·马·高尔基》的几封书信。这些著作论述了宗教的本质、根源和社会作用，确定了工人政党关于宗教问题的态度，揭露了寻神派和造神派的虚伪性和反动性。

马克思、恩格斯创立了马克思主义，奠定了马克思主义宗教理论的基础。列宁在俄国革命和社会主义的实践中从俄国的实际出发，列宁没有专门论述宗教本质的著作，他这时期的主要工作是侧重于现实的实践活动，所以列宁在这一时期革命实践的基础上，运用马克思主义宗教思想去认识宗教和处理宗教问题，将马克思主义的宗教本质理论具体化到党的纪律、国家法律和人民对宗教的行为准则中，并针对不同时期的革命要求，对自己的宗教思想进行不断的发展和丰富。主要包括：保持党在世界观上的纯洁性和共产党员的先进性，以党纲、党纪重申党对宗教的基本态度；制定和颁布一系列宗教政策；普及科学世界观和无神论教育，培养共产主义新人。

一、在世界观上宗教与共产主义是对立的

关于宗教的本质，列宁在其著作中并没有直接的表述，但是我们可以在他对"寻神派"和"造神派"的批判中找到一些证据，用来说明列宁关于宗教本质的看法。列宁继承了恩格斯在《反杜林论》中的观点，恩格斯在《反杜林论》中指出："一切宗教都不过是支配着人们生活的外部力量在人们头脑中幻想的反映，在这种反映中，人间的力量采取了超人间的力量的形式。"列宁在《致阿·马·高尔基》中指出："说神是那些在激发和组织社会感情的观念的复合，这不对。这是抹杀观念的物质起源的波格丹诺夫的唯心主义。神首先（就历史和生活来说）是由人的麻木的受压抑状态以及外部自然界和阶级压迫所产生的那些观念的复合。"他在同一篇文章还有同样的阐述："不从个人角度而从社会角度来看，一切造神说都正是愚蠢的小市民和脆弱的庸人的心爱的自我直观，是'悲观疲惫'的庸人和小资产者在幻想中

'自我侮辱'的那种心爱的自我直观。"

列宁认为，马克思的"宗教是人民的鸦片"这一句名言"是马克思主义在宗教问题上的全部世界观的基石"。列宁在《社会主义和宗教》一文中进一步明确指出："宗教是一生为他人干活而又深受穷困和孤独之苦的人民群众所普遍遭受的种种精神压迫之一。……对于辛劳一生贫困一生的人，宗教教导他们在人间要顺从和忍耐，劝他们把希望寄托在天国的恩赐上。对于依靠他们劳动而过活的人，宗教教导他们要在人间行善，廉价地为他们的整个剥削生活辩护，向他们廉价出售进入天国享福的门票。宗教是人民的鸦片。宗教是一种精神的劣质酒，资本的奴隶饮了这种酒就毁坏了自己做人的形象，不再要求多少过一点人样的生活。"为此，列宁明确宣布，我们具有绝无任何偏见的科学的唯物主义世界观，负有为全体劳动人民的自由和幸福而斗争的基本任务，我们社会民主党人对基督教学说采取否定的态度。这里，列宁表明了无产阶级政党对待宗教的原则立场，即在世界观上宗教与共产主义是对立的。但列宁并不仅仅停留在这一点上，他指出："但是在声明这一点的同时，我认为有责任就在这里坦率而公开地指出，社会民主党为信仰的完全自由而斗争，它完全尊重一切真诚的宗教信仰，只要这种信仰不是靠暴力或欺骗来进行传播的。"

二、宗教在国家和政党的生活中的地位差异

"'宣布宗教为私人的事情'——这是爱尔福特纲领（1891年）的一个著名论点……"这里的"私人的事情"，按照恩格斯的说法应该是指对国家来说的，宗教信仰的选择是每个公民的私事。列宁在新的历史条件下，对恩格斯的说法做了更为具体的阐述。宗教对国家而言是私人的事情，但对马克思主义政党而言，不是私人的事情。

这一观点，早在1891年恩格斯为马克思的《法兰西内战》德文版所写的《导言》中特意声明："宗教对国家来说仅仅是私人事情。"可是在第二国际修正主义的影响下，俄国党内机会主义者把它篡改为宗教对党而言是私人的事情。列宁为了捍卫马克思主义在这一问题上的正确观点，在1905年《社会主义和宗教》一文中明确宣布："应当宣传宗教是私人的事情。这句话通常是用来表示社会主义者对待宗教的态度的。但是，这句话的意义必须正确地说明，以免引起任何误解。就国家而言，我们要求宗教是私人的事情，但是就

我们自己的党而言，我们无论如何也不能认为宗教是私人的事情。"列宁在《告贫苦农民》一文中对此说得更明确："每个人不仅应该有随便信仰哪种宗教的完全自由，而且应该有传布任何一种宗教和改信宗教的完全自由。哪一个官吏都无权过问任何人信什么教，因为这是个信仰问题，谁也管不着。"接着，列宁详细对此问题作了解释："国家不应当同宗教发生关系，宗教团体不应当同国家政权发生联系。任何人都有充分自由信仰任何宗教，或者不承认任何宗教，就是说，像通常任何一个社会主义者那样做一个无神论者。在公民中间，完全不允许因为宗教信仰而产生权利不一样的现象。在正式文件里应当根本取消关于公民某种信仰的任何记载。决不应当把国家的钱补贴给国家教会，决不应当把国家的钱补贴给教会团体和宗教团体，这些团体应当是完全自由的、与政权无关的志同道合的公民联合会。……教会与国家完全分离，这就是社会主义无产阶级向现代国家和现代教会提出的要求。"在这里，列宁直接表示了不允许宗教参与干涉国家政权，国家与宗教及其团体也不应该有任何经济上的联系。这样就切断了国家与宗教之间的依附关系，那么宗教就完全是个人的事情了，同时"就国家而言，革命的无产阶级力求使宗教成为真正的私人事情。

十月革命胜利后苏维埃政权建立，1918年1月23日，经由列宁签署的苏俄《关于教会同国家分离和学校同教会分离》的法令公布于众。该法令的核心内容是两个：一是教会同国家分离，二是学校同教会分离。这就从法律上保证了国家不干涉教会的内部事务，教会也不参与国家的事务，保证了宗教信仰真正变成了个人的私事。每一个苏维埃公民都有自由信仰宗教的权利，他说"宗教信仰是个人的事情。让每个人愿意信仰什么就信仰什么，或者什么也不信仰吧……苏维埃共和国对各种宗教一视同仁。它置身于一切宗教之外，力求使宗教同苏维埃国家分离。"

无产阶级尊重一切真诚的宗教信仰，并会为这种信仰的完全自由而斗争。宗教信仰自由是无产阶级取得政权后，处理宗教与社会主义关系的基本原则。但是，无产阶级政党自身是以马克思主义为信仰和理论基础的，坚持唯物主义并反对宗教信仰。因此，关于工人阶级政党自身对待宗教的态度，1905年列宁在《社会主义和宗教》中，明确指出："对于社会主义无产阶级政党，宗教并不是私人的事情。我们的党是争取工人阶级解放的觉悟的先进战士的联盟。这样的联盟不能够而且也不应当对信仰宗教……的表现置之不理。……我们建立自己的组织即俄国社会民主工党的目的之一，也正是为了要同一切利用宗教愚弄工人的行为进行这样的斗争。对我们来说，思想斗争不是私人的事情，而是全党的、全体无产阶级的事情。"列宁的这段话意思十分清楚地表明，马克思主义政党是以辩证唯物主义和历史唯物主义的科学世界观作为理论基础的政党，是彻底的无神论者。因此对于马克思主义政党来说，宗教不是私人的事情。

在俄国社会主义运动中，特别是在1905年革命失败后的低潮时期，在俄国社会民主党内，当时以卢那察尔斯基为代表的"造神派"把马克思主义当作一种宗教体系，创立所谓无神的宗教，给社会民主党内部带来了思想上的混乱，给革命运动造成了很大的影响。针对这种情况，列宁强调说："无产阶级政党要求国家把宗教宣布为私人的事情，但决不认为同人民的鸦片作斗争，同宗教迷信等作斗争的问题是'私人的事情'。机会主义者把情况歪曲成似乎社会民主党认为宗教是私人的事情！"俄国社会民主工党作为无产阶级的政党，无论从性质和最终任务来说，都是无产阶级的先锋队组织，最终的目的是实现共产主义，所以它要求每一个共产党员，每一个无产阶级先锋队的战士，不仅不能信仰宗教、不得参加宗教活动，而且为了使人民群众最终从宗教的迷雾中解放出来，必须用马克思主义的科学世界观来教育和组织无产阶级和广大人民群众，在思想上同宗教迷雾作斗争。这是社会民主工党的一项主要任务，也是全党和整个阶级的事情，而不是私人的事情。

第四节　毛泽东对宗教本质理论的弘扬和发展

毛泽东作为一个伟大的马克思主义政治家和思想家，他虽然不信仰任何宗教，但却很重视宗教，其宗教思想是十分丰富的。在毛泽东看来，"宗教问题是很复杂的。从世界历史看，它往往同政治问题联系在一起"。宗教具有超自然性、历史文化性和群众性。

一、宗教的本质是崇拜超自然力

在人类认识史上，各派思想家对宗教下过许许多多的定义：有人从护教主义立场出发，把宗教说成是神的启示；有人从抽象的人性出发，把宗教说成是人的天赋观念，是人的永恒的情感；有人从宗教的构成来认识宗教，认为宗教就是宗教观念、宗教感情、宗教仪式三要素构成的体系；有人认为宗教就是对美好未来的向往和追求；有人认为宗教是个人和社会的联系，是一种道德规范；还有人把宗教看作是人生的一种态度；如此等等。尽管众说纷纭，但都没有抓住宗教的本质。毛泽东说："宗教的本质是崇拜超自然力，认为超自然力支配个人、社会及世界。这完全是由于不理解自然力及社会力这个事实而发生的。其最初形态有两种：一是崇拜祖先，二是崇拜自然物。"毛泽东对宗教本质的认识是深刻的，依照历史唯物主义的解释，宗教是一种伴随人类存在的社会现象，它既是一股不可忽视的社会力量和社会实体；又是一种理论体系。作为后者，它是社会意识形式的一种，同任何社会意识形式一样，宗教也是社会存在的反映，所不同的是，宗教是人们意识中对于统治着他们的自然力量和社会力量的歪曲的虚幻的反映，是不能掌握自己命运的人的自我意识和自我感觉，是反映客观世界的最粗俗、最原始、最武断的形式，是把人间的力量幻想为上帝、神仙、精灵等超人间的力量的实体而加以信仰和崇拜，因此是一种颠倒的世界观。

马克思、恩格斯对宗教很少有肯定性的评价，其中，最有名的是马克思所说的"宗教是人民的鸦片"。毛泽东亦针对世界强权分析和揭露过宗教的虚伪和侵略作用。他指出美国对中国不仅进行经济侵略，而且"强迫中国接受美国人传教也是一条。美帝国主义比较其他帝国主义国家，在很长的时期内，更加注重精神侵略方面的活动，由宗教事业而推广到'慈善'事业和文化事业……"毛泽东在坚持马克思主义宗教观的基础上，进一步探讨了宗教产生的根源。他认为："自然支配，社会支配，万物有灵论，是原始宗教的三个来源。"而且进一步分析指出："生产发达，对自然力逐渐理解的多，宗教发生的第一个根源渐渐失去。然而社会的阶级制度确立，社会力量仍不可理解；加以万物有灵论深入人心，故宗教仍然存在，但依各个特定社会形态而变化了宗教的形式与内容。这是一方面。另一方面，由于生产发达，对自然力与社会力之逐渐理解，哲学也出现了。"

二、宗教是一种历史文化

宗教是一种特殊文化，这是毛泽东对宗教本质的独特理解。读宗教之书，是毛泽东的一大喜好。1920年6月7日，他在致黎锦熙的信中说："文字学、语言学和佛学，我都很想研究……希望先生遇有关于语言文字学和佛学两类之书，将书名开示于我。"从毛泽东的言论中看到，他重视宗教研究的一个原因是他认为宗教不仅是一种信仰，同时还是一种文化，宗教文化也是一种富贵财富。建国后，毛泽东对代表中国几个佛教宗派的经典如《金刚经》、《六祖坛经》、《华严经》以及研究这些经典的著述都认真读过；基督教的《圣经》，他也读过一些。

毛泽东一直是把宗教人物作为一种传统文化的传承者看待的。1958年3月22日他在成都会议上讲到历史上总是青年人胜过老年人，认为"从古以来有创新思想新学派的人，都是学问不足的青年"，其中谈到了孔夫子、耶稣、释迦牟尼、马克思、孙中山等。1958年11月21日，毛泽东在武昌会议上讲到有实无名时说："一个人学问很高，如孔夫子、耶稣、释迦牟尼，谁也没有给他博士头衔，并不妨碍他们行博士之实。"事实上，在中国历史上，儒、佛、道长期是传统文化的主流。过去我们普遍地认为传统文化是封建思想，它是束缚人类的精神枷锁，这种认识是有偏颇的。就拿佛教来说，佛教作为东方人的宗教，是东方传统文化的集中表现，是东方智慧的结晶，是东方文化宝库中难得之瑰宝。佛教自释迦牟尼创始以来，历经两千五百多年，一直影响着东方人的物质生活和精神生活，几乎涉及了哲学、科学、文学、艺术（建筑、雕刻、音乐、美术）、美学、教育学、心理学以及伦理道德等社会的各个方面。至于对佛教的评价，梁启超指出："佛教之信仰乃智信而非迷信"、"佛教之信仰乃兼善而非独善"、"佛教之信仰乃入世而非厌世"、"佛教之信仰乃无量而非有限"……陈独秀认为："佛法之广大精深，余所素信不疑者也。"鲁迅强调："释迦牟尼真是大哲，我平常对人生有许多难以解决的问题，而他居然大部分早已明白启示了，真是大哲。"毛泽东亦对佛教十分感兴趣。他对于佛教的禅宗学说，特别是它的第六世唐朝高僧慧能的思想尤其注意。因为禅宗不立文字，通俗明快，它的兴起，使佛教在中国民间广为流传。关于《六祖坛经》一书，是一部在慧能死后由慧能的弟子编纂的语录。毛泽东读过多次，有时外出还带着反复阅读，他认为："慧能主张佛性人人皆有，创顿悟成佛说，一方面使繁琐的佛教简易化；一方面使印度传入的佛教中国化。"根据毛泽东身边的工作人员回忆，哲学刊物上发表的讲禅宗哲学思想的文章，毛泽东几乎都看；

他还对身边的人员说过，佛教禅宗《六祖坛经》是劳动人民的佛经。

　　既然宗教是文化，那么宗教经典和寺庙就是历史文化遗产，就应该进行保护。1947年秋，毛泽东转战陕北，来到南河底村。南河底村在白云山下。山上有座规模宏大的白云寺。一天，毛泽东问他的警卫李银桥："想不想去看庙？"李银桥说："都是一些迷信……"毛泽东纠正道："片面片面。那是文化，是名胜古迹，历史文化遗产。"第二天，毛泽东在老和尚的陪同下，仔细参观了这座寺庙，他对庙里的雕刻、塑像、石碑和牌匾十分感兴趣。由衷地赞叹："古代灿烂的文化都是和宗教紧密相连的"，并对老和尚说："这些东西，都是历史文化遗产，是我们这个民族的宝贵财富，一定要好好保护，不要把它毁坏了。"1948年他在游佛教圣地五台山时也这样对山上的老和尚说："等全国解放了，我们一定要保护好寺庙和文物，绝不能让祖国的文化遗产受到破坏。"还对陪同的周恩来说："佛教文化传入中国近两千年，它和儒、道学说相融，成为中华民族灿烂的文化遗产，我们要加以保护和研究。……几千年来，佛教在哲学、建筑、美术、音乐上取得的成就是不可忽视的，这是全人类也是中华民族文明和灿烂文化的重要部分。"建国后，毛泽东一直十分关注对宗教问题的研究，1963年12月30日他在一个批语中写道："对世界三大宗教（耶稣教、回教、佛教），至今影响着广大人口，我们却没有知识，国内没有一个由马克思主义者领导的研究机构，没有一本可看的这方面的刊物。《现代佛学》不是由马克思主义者领导的，文章的水平也很低。其他刊物上，用历史唯物主义的观点写的文章也很少，例如任继愈发表的几篇谈佛学的文章，已如凤毛麟角，谈耶稣教、回教的没有见过。不批判神学就不能写好哲学史，也不能写好文学史或世界史。这点请宣传部同志们考虑一下。"

三、宗教"是个群众性问题"

毛泽东研究宗教问题，既作为哲学问题来研究，也当作群众工作问题来看待，用他的话说，"因为这是个群众问题"。1916年他在同班禅额尔德尼·确吉坚赞谈话时就这样表示："我赞成有些共产主义者研究各种宗教的经典，研究佛教、伊斯兰教、耶稣教等的经典。因为这是个群众问题，群众有那样多人信教，我们要做群众工作，我们却不懂得宗教，只红不传。"要做好群众工作，就必须了解群众问题。宗教是群众问题之一，就必须加强对宗教的群众性问题进行深入的研究。

首先，区分世界观的对错与政治上的正反。

毛泽东指出，宗教在社会历史上和阶级斗争中的作用极其错综复杂，很难归于一个普遍的原理或一般的模式之中；其所以容易简单化，是因为宗教作为一种虚幻的幻想和颠倒的世界观已是常识性的定论，只要据此作一些简单的推演，就不难得出一个一般性的结论。这种简单化的办法发展到了极端，以致把宗教在理论上的荒谬与在政治上的反动完全混同起来。因此，在实际生活和工作中，要注意把它们区分开来，不能把宗教世界观的正确和错误与政治上的先进和落后等同起来。

宗教不同于其他社会意识形式，不仅在知识阶层中有影响，而且还为一般群众所理解，从而具有群众性。宗教以神的名义，用神的语言，紧紧抓住了信教群众的心灵，可以轻易地调动他们为信仰而献身的宗教热情，掀起声势浩大的群众运动。这些以宗教形式表现出来的群众运动在性质上是反动还是进步，不能用世界观上的正确与错误作简单的划分，而只能从其在一定历史条件下的政治内容作具体的分析评判。把世界观的对错与政治上的正反等同起来，是宗教研究中的形而上学方法的具体表现。

世界观上的正确和错误与政治上的进步或倒退也并不是等同的概念。政治上具有进步意义的斗争，如要取得胜利，一般总是要求正确的指导思想和方针，但这些正确的东西却并不一定结晶和升华为一种完全正确的世界观，而可能作为因素和颗粒依附在总体是错误的世界观之中。宗教思想就是如此。进步的群众运动之所以发生，人们之所以积极投身到运动中去，并不一定是因为群众首先接受了科学的世界观，而总是直接取决于他们的社会处境以及由此产生的政治经济要求。当社会历史的发展要求否定反动统治秩序的时候，一切反抗这种反动统治秩序的斗争都在不同程度上具有进步的意义。尽管引导他们斗争的理论原则和世界观是错误的，甚至最终会导致斗争的失败，这也不能成为否定其斗争的进步性的理由。简言之，在一定历史条件下，一切有利于反抗反对统治秩序的宗教运动，都可能具有进步的政治意义。

其次，宗教问题同群众问题紧密相连。

毛泽东在分析宗教的群众性问题时，没有孤立地看待宗教，而是从中国的国情出发，坚持用阶级斗争的观点认识和对待宗教问题。他在《湖南农民运动考察报告》中，将神权与政权、族权、夫权并列称之为"代表了全部封建宗法的思想和制度，是束缚中国人民特别是农民的四条极大的绳索"。因而主张中国人民的翻身解放离不开与反动神权的斗争，并认为破除迷信观念乃是政治斗争和经济斗争胜利以后自然而然的结果，而不是它的出发点和最终目的。

在毛泽东看来，宗教问题同群众问题紧密相连，为了保护群众的正当权益，就要把宗教问题看作是群众工作问题，按照群众的要求与革命工作的最高原则结合起来。他还指出，由于中国革命的复杂性，所以中国的革命不仅不能一下子否定传统，在某种程度上还要借助传统。1942年11月2日，毛泽东在西北局高干会议上讲过这样一番话："要把最高原则同群众当前的日常要求联合起来。像破除迷信、婚姻自由、社会主义、扩大城市都不要忘记，可是有一条，一定要按照群众的要求，才算联系群众。"为了做好群众工作，必须保持同人民群众的密切联系，共产党员也应参与一些群众性的宗教活动，否则，难以赢得群众的信任，就会加大群众工作的难度。"既然人民群众还去教堂，为了接近和团结群众，我们也应该进教堂。"他同达赖喇嘛谈话时说过："我们再把眼光放大，要把中国，把世界搞好。佛教教义就有这个思想。佛教的创始人释迦牟尼主张普度众生，是代表当时印度受压迫的人讲话。为了免除众生的痛苦，他不当王子，出家创立佛教。因此，信佛的人和我们共产党人合作，在为众生即人民群众解除压迫的痛苦这一点上是共同的。"

毛泽东高度评价佛教净化人的心灵，追求一种纯善的思想境界，"自己的社会理想就是怀慈悲之心以救渡苦海的众生，共同走向大同圣域"。建国后，毛主席在审阅《中国佛教协会章程（草案）》时加上了一句很诚恳的话："发扬佛教优良传统。"从这些话语可以看出，毛泽东对于宗教尤其佛教中关注和维护广大人民群众利益的基本精神是推崇的。

第五章　宗教的社会功能

　　宗教的社会功能不是抽象的，而是具体的，即在不同社会历史时期，宗教的社会功能各异。宗教的社会功能是宗教的功能在社会发展中的具体表现，宗教是在与一定社会的社会构成要素的互动中，直接或间接地影响到社会的发展和稳定。宗教作为一种社会意识形态，为人们提供一种认识世界的方式、一套评判社会行为的价值观念和道德体系；作为一种社会实体，宗教为人们提供一种组织社会的形式、一套调适和整合、凝聚社会的机制和体系。无论是作为道德教化的工具，还是社会整合的工具，宗教在具体发挥其功能时，既可以成为推动社会稳定和谐、推动社会变革的积极力量，也可以成为导致分离族群、愚化民智、妨碍革新的消极力量。因此，由于宗教自身的复杂性，以及不同历史时期社会需求的不同，宗教的社会功能呈现出复杂的表现，具有积极与消极的"两重性"。

第一节　宗教功能的相对性

宗教具有双重特性，一方面，它是一种特殊的意识形态，另一方面，它也是以社会实体的形式存在的。作为意识形态，它可以为信众提供理解社会、评判社会的标准，具有"图式"的功能；作为社会实体，它能为特定的社会提供一种组织社会的形式，一套让社会得以存在和延续的机制。理解宗教的功能，应从这两个角度来切入。

在讨论宗教的功能时，不管是侧重于意识形态，还是侧重于社会实体，都会涉及到积极和消极的评价。在这个问题上，各种观点争议很大，有的认为宗教是社会的稳压器、润滑剂，是积极的，任何一个社会都离不开宗教；有的则认为宗教是"精神鸦片"，是统治阶级维护自己统治的工具。这些观点都有其合理性，但却忽视了宗教功能所具有的相对性。也就是说，宗教的功能是积极或者消极，其最终的评判标准不能由宗教教义本身来决定，而要在宗教赖以存在的特定社会中去理解。由于在阶级社会中，不同的阶级甚至不同的阶层都具有不同的利益需求，因而，都从各自的利益出发，对于宗教功能做出有利于自己的解读。如太平天国动摇了清朝政府的统治，促进了社会的发展，从这个角度讲，它的功能是积极的。但是，如果从清朝统治者的视角来看，太平天国无疑是负面的和消极的，它对当时社会的稳定造成了威胁。

正因为宗教的两重性，因此，要对宗教的社会功能做出恰当的、合理的评判，是极其复杂的，不应当以牺牲一方面而把另一方面捧到天上去，应当把握每一方面的真实情况。而要做到这一点，就需要注意它们的相互联系，它们的相互补充。必须在坚持正确立场、正确观念的同时，采取历史唯物主义的、具体的、细致的方法，做出实事求是的分析，才能还宗教的社会功能一个本来面貌。

但是这并不是说，无法为衡量宗教的功能制订一个标准，将宗教对人类社会的功能推入到虚无的相对主义中，特别是在社会主义时期，我们可以为宗教的功能制订一个大致的标准，主要包括以下几条：（1）是否有利于促进社会生产力的发展；（2）是否有利于社会的和谐与稳定；（3）是否有利于社会文化的发展和文明程度的提升；（4）是否有利于个人的身心健康发展。我们可以以这四个标准作为尺度，来衡量宗教在一个社会的功能是消极的还是积极的。

第二节　宗教的积极功能

我国是一个多种宗教并存的国家，不同宗教和谐共处，在现实生活中发挥着重要的作用。纵观这些宗教，在宗教教义上有许多不同，信仰的主神有着巨大差异，但是，不论哪一种宗教，都包括有劝人为善的道德，都有在历史传承上积淀下来的文明，同时，也都会伴随有相应的宗教组织。可以从宗教道德、宗教文化、宗教组织这三个层面来理解宗教的积极功能。

一、宗教道德的积极功能

任何一种宗教，都会包含有特定的宗教伦理。如果仔细研究现存的宗教，会发现，无论哪种宗教的伦理通则都会包括两条基本原则：（1）尊重每一个人，每个个体都应得到人道的待遇；（2）作为最基本的人际交往准则，己所不欲，勿施于人，也就是说，你希望别人如何对待你，你也应该如何去对待其他人。这两条基本原则中，前者强调了人道原则，后者则重视互惠性。在这两个规则的基础上，可以引申出四项重要的规则：（1）坚持一种非暴力与尊重生命的文化；（2）坚持一种团结的文化和一种公正的经济秩序；（3）坚持一种宽容的文化和一种诚信的生活；（4）坚持一种男女之间的权利平等与伙伴关系的文化。

这些基本规则存在于世界上各种大大小小的宗教及伦理思想体系中，我们可以将这些规则视为世界各大宗教所包含的伦理观点的核心，正是它们影响到了不同宗教信众的生活实践的方方面面。

（一）具有调节人心的功能

宗教可以视为人类心灵的一个"避风港"，它具有促进个体心理健康，帮助个体应对现实压力的积极功能。当代科学意义上的心理咨询产生于1896年，而在此之前，关注人类的喜怒哀乐，抚慰人心灵的，主要就是宗教。

宗教具有调节心理的能力。首先，当人们处于困境，遇到困难时，往往希望能有外在的力量来帮助他们，帮助他们排疑解惑，这个时候，宗教就可以用超自然的力量（当然，这是人们想象中的）来安抚人们。从心理学的角度讲，这种功能的发挥主要是通过强有力的暗示来实现的。其次，宗教道德往往要求人们不要去强求外在的物质利益，而要关注内心的宁静与幸福，这就可以帮助人们放下外在很多的压力源，有助于实现有效的压力管理。第三，宗教教义有助于人们对于现实中的困境给予合理的解释，尤其是一些不公平的现象，这样可以增强人们的控制感，觉得这个世界仍然是可控的，从而保证其心理的平衡。

（二）有助于提升人的道德修养

任何宗教都有一些约束信众的准则、戒律，比如不许妄言、不可偷盗等，对于神职人员则大多有禁欲的要求，这些戒律有的违背了人道原则，忽视了人的基本欲望，要求人们升华它们。但从另一个角度来看，这些规则在特定的社会历史条件下，有助于人们去恶从善、控制自己的私欲，表现出利他的行为，从而有助于社会群体的和谐与种族的延续。从这个意义上来说，宗教道德对于信仰者的主观修养、加强自身道德责任以及对他人和社会的奉献等都有积极功能。宗教道德倡导利他主义与人们所要求的道德修养不谋而合。

同时，宗教道德对于信众而言有独特的说服力。任何一种宗教都将这些戒律和规则视为是主神的要求，如果违反了它们，将会受到神的惩罚。因此，信众较容易将这些戒律予以内化，成为自身道德准则的一个部分，从而提升自身道德素质。

（三）有助于建立良好的人际关系

首先，宗教观念为人际交往的调整提供了永恒的诫命。正如《易经》所说的，"圣人神道设教，而天下服矣"。各大宗教教义信条，如佛教的"五戒十善"、基督教的"十诫"、伊斯兰教关于"和平"和"顺从"的教导等，都强调仁爱、慈善、和平。在人与人的关系上，也多强调"抑己从人"。这些规则，也是良好人际关系最牢固的基石。其次，宗教修养可以拓展人的心胸、提升人的精神境界，有助于改善人际关系。具有宗教信仰的人，往往较为达观，不会斤斤计较于蝇头小利，而是能从整体、客观地看待周围的人和事。第三，宗教道德可以弥补法律的不足。在现代社会中，法律成了调整人际关系的最为普遍的力量，但法律往往"惩后"有力而"惩前"乏功，宗教道德则往往在事先就教化人们不应为恶。从这个角度来讲，宗教道德可以有力地弥补法律的缺陷，从而有助于人际关系的维持与改善。

（四）有利于维持社会秩序

宗教的教义往往有劝导人们遵守社会基本规范，与人为善的内容，如犹太教中的"十戒"，就规定了不杀生、不偷盗等基本的规则，有了这些规则的存在，宗教就好像"润滑剂"，在人与人之间，被统治者与统治者之间构建了一个缓冲带，对于维护一个社会的秩序稳定，建立良好的社会关系，维护社会基本信任都有着积极的功能。

同时，有了宗教道德的约束，个体能更有效地控制自己的行为，很多潜在的罪行就有可能减少或者消失，这同样也有利于社会秩序的稳定。

在当前中国社会，宗教对于社会秩序的维持功能不容忽视。由于社会的发展，片面追求经济利益之风盛行，在这种情况下，很多人置基本的道德准则不顾，食品安全、伪劣产品等报道层出不穷，整个社会面临信任危机。在这种背景下，宗教往往可以起到维持社会基本信任，为社会提供道德示范的某些积极作用。

（五）有利于建设人与自然和谐相处的生态文明

当今社会，科学高度发达的同时，也带来了人文关怀的缺失，科技理性的高度发达，存在着将大自然视为工具的倾向，甚至于人类自身，也逐渐成为工具。在这种背景下，人类对于自然过度开发、利用，对于自然环境的保护予以轻视，这种行为逐渐威胁到了人类自身的发展。要解决这个问题，固然依赖于政府的有效管制，但宗教的功能也不容忽视。世界各大宗教，基本上都有要求人类与自然和谐相处的观点，如我国的道教，强调"天人合一"的观点，强调人与大自然的和谐统一；再比如佛教强调不杀生的观点，视动物与人类是平等的教义，都有助于弥补当前科技理性高度发达带来的负面功能。

二、宗教文化的积极功能

在人类历史上，宗教文化包括宗教思想和宗教活动对文学、音乐、舞蹈、绘画、建筑等方面，都有广泛、深远的积极功能。不论是东方还是西方国家，宗教都对文化起到了积极的推动作用，脱离了宗教去谈一个国家的文化是不可能的。比如在欧洲文明中，基督教文化是一个重要的支柱。近代以来的西方，其文明的发展，生产力的进步，与基督教的伦理道德密不可分。基督教与西方文化水乳交融，渗透到了人们生活的各个方面。同样，在东方国家中，伊斯兰教、印度教、佛教、道教等古老的宗教也对不同国家的文化产生了影响。

　　首先是哲学领域。宗教与哲学密不可分，很大程度上，宗教的产生就是人类对于自身存在意义进行哲学思考之后的产物，而任何一个宗教的教义往往也需要从哲学层面予以论证。这是因为，宗教关注的是人类存在的终极意义，并要人类为这个终极问题寻找答案，这与哲学有共通的地方。在西方，特别是中世纪的欧洲，整个社会的精神生活都处于神学统治之下，而哲学也沦为为宗教神学辩护的工具，但是，正是在对中世纪哲学的批判中，才产生了西方近代哲学，而带有浓烈宗教意味的中世纪哲学，其思维方式和概念体系，也对哲学有很多贡献。在以中国为代表的东方，哲学同样受益于宗教良多。无论是印度教、佛教，还是道教，都有很多对于人类存在的深邃思考，这成为东方哲学的重要组成部分。

　　其次，文学也受到了宗教的重要影响。无论古今中外，宗教都是文学作品重要的灵感源泉，很多文学作品都是以宗教为主题的。比如作为基督教核心典籍的《圣经》既是一部宗教典籍，又是一部文学作品，它对西方文学创作产生了重要的影响。欧洲许多文学巨匠的创作都受到《圣经》的影响。例如但丁的《神曲》、歌德的《浮士德》等，这些都是人类文学的瑰宝。在东方，印度的《摩诃波罗多》等史诗渗透了印度教的影响，它们同时也对印度人的宗教信仰产生了潜移默化的影响。在中国，《四大名著》或多或少都有着宗教的影子，体现着佛教、道教和儒家文化的影响。《全唐诗》收录唐诗约五万首，其中与佛教有关的诗占了近十分之一。这些反映宗教内容的诗篇，或赞美宗教场所的风光，或阐述宗教教义，有很多达到了相当高的水准。可以看出，宗教对于文学有着重要的影响，而文学作品反过来也会推动宗教的发展。

第三是建筑、绘画、雕塑，在这几方面，宗教的影响更为明显。在建筑上，宗教类建筑既有其实用功能，供人类从事宗教活动，大多也都是重要的艺术作品，影响着一个时代的建筑风格。如西方的教堂建筑，不仅是人类建筑史上的瑰宝，也为当代建筑的发展奠定了基础。中国的悬空寺、塔林等建筑，同样也影响到东方建筑的风格。在绘画和雕塑方面，宗教是一个重要的推动力，古今中外都有大量的关于宗教的绘画和雕塑名作。如西方文艺复兴时期，拉菲尔、达·芬奇的以宗教为主体的绘画和米开朗基罗的雕塑；中国的敦煌莫高窟是集宗教壁画和雕刻为一体的文化遗产。

第四是音乐领域。在人类文明发展的历史长河中，宗教与音乐分别作为人类精神追求与艺术追求的典型代表，不仅对人类文明的形成、文化的丰富产生了重要影响，而且它们还通过相互间的影响、融合，形成了一种独特的艺术形式——宗教音乐，并最终借助这种艺术形式使各自的发展都达到一个新的高度。宗教音乐的历史可以说与宗教一样久远，几乎世界上的所有宗教从其诞生就从未离开过音乐。一方面，宗教借助音乐来宣传教义，借助音乐烘托庄严肃穆的气氛，借助音乐实现人神的交流互动，等等；另一方面，音乐也借助宗教获得了丰富的精神内涵，借助宗教实现了艺术的力量，借助宗教得以传承和不断发展。不仅如此，在漫长的历史进程中，宗教音乐还同其他艺术形式一样，也在一代代宗教艺人们的研习、传唱中不断得以丰富和完善，逐渐从幼稚走向成熟。可以说，宗教音乐的形成、发展，不仅对于宗教、音乐具有巨大价值，而且对于整个人类文明的发展都具有重大意义。

三、宗教组织的积极功能

（一）宗教组织与慈善

宗教组织除了做好自身的修行之外，往往也视帮助他人、扶危济困为一种修行和手段，因而，宗教组织往往也注意发展慈善事业，即承担日常社会福利服务事务，尤其是政府难以顾及到的一些地区和人群。宗教组织所建立的慈善事业组织主要是指医院、学校、育婴堂、孤儿院等。如我国台湾佛教组织建立的"佛教克难慈济功德会"；宗教组织在中国所兴办的医院，最早的当属1835年美国公理会传教士在广州兴办的眼科医院。北京大学目前所在地原来就是昔日西方教会举办的燕京大学。这些由宗教组织兴办的具有现代意义的各项慈善事业对社会公益事业的发展产生了相当积极的影响。

在一些灾难发生时，往往也能见到宗教组织的身影。由于其浓厚的宗教背景，在大众的心目中，往往认为它们具有更强的公信力，因而，在灾难援救中，这些宗教组织也得到了大众的支持，起到了积极的功能。

（二）宗教组织与社会团结

宗教及其团体作为社会组织形式，对团结信教群众和宗教界人士能起特有的积极功能。一般而言，实现宗教自由的国家，宗教都会对其社会团结和稳定起积极的作用。这种团结作用可以从三个层面理解。一是各个独立的宗教会吸引一部分信众，将这些信众团结起来，参与到社会生活中；二是在开明的宗教政策影响下，宗教团体之间互相尊重，彼此对话，形成团结的社会氛围；三是以宗教团体为核心的信众与不信仰宗教的人民群众之间互相了解，沟通感情，形成整个社会的和谐氛围。这三个层面，宗教组织都起着积极的作用。比如，在我国，人民群众信奉的宗教多种多样，主要包括道教、佛教、伊斯兰教、基督教、天主教等。在党的宗教政策的保护下，各种宗教受到尊重，宗教活动得以正常开展。虽然在我国，信教群众的相对数字并不大，但是其绝对数字不小，尤其在某些少数民族中，基本上是全民信教。这些信教群众具有虔诚的宗教信仰，浓厚的宗教感情，对于他们的宗教领袖抱有极深的敬意，形成以宗教领袖为核心的宗教团体。党和政府通过宗教组织及其领袖，可以在信众之间、不同教派的群众之间、信教群众与不信教群众之间，开展联系，沟通感情，增进彼此的理解，化解可能的矛盾，增进团结。这对于各少数民族地区的繁荣与发展，对于国家的统一，都有不可替代的作用。

（三）宗教组织与对外交流

宗教是一种世界性的社会现实，它具有国际性。比如，佛教有两千多年的历史，信奉佛教的信众主要分布于亚洲；基督教、伊斯兰教也都有一千多年的历史，其影响同样遍及全球。据统计，全世界目前约有60%以上的人口有宗教信仰，很多国家都是全民信教。在各国的政治家、科学家、社会活动家等中间，有宗教信仰的非常多。因而，宗教就有可能成为一种超越国家和民族界限的交流语言，如果利用得当，宗教交流可以成为国家之间正式交流的有益补充，为不同国家之间增进相互了解起到积极的助力作用。比如，二战后，中日佛教徒之间的沟通日益增多，双方开展了很多文化交流活动，这些活动为消除两国民众之间的情感隔阂，为两国建立正常的外交关系起到了积极的作用。

如果利用得当，宗教组织还可以做到超越国家限制的事，比如，在呼吁世界和平、反对侵略战争的国际潮流中，各种世界性的宗教往往会发出自己的声音，他们往往站在全体人类的利益基础之上，超越单一的国家或民族利益，反对战争，反对对大自然的过度开发，形成了当今国际社会不可忽视的一股力量。

从中国目前的情况来看，宗教组织对于国家建设也有着重要的意义。当前在世界各地有众多的华侨同胞，他们中很多人有着各自的宗教信仰，宗教可以成为他们与祖国进行连接的纽带。

第三节　宗教的消极功能

谈及宗教的功能，也不得不说起宗教的消极功能，这可以从三个角度来加以理解：一是宗教具有工具性；二是宗教本质决定的对现实的消极接受；三是宗教可能阻碍科学的发展。

一、宗教成为统治阶级利用的工具

在阶级社会中，宗教一度成为统治阶级对内维护统治，对外侵略扩张的工具。统治阶级利用宗教这一"合法外衣"维护其国家统治，缓和阶级矛盾；对外则打着宗教的幌子，掩盖战争目的，直接利用宗教为侵略扩张服务。对此，马克思主义经典作家明确指出了宗教工具的两重性。

宗教在封建社会曾把世俗的封建国家制度神圣化。恩格斯指出，"僧侣是中世纪封建主义思想意识的代表"，宗教"给封建制度绕上一圈神圣的灵光"，为其剥削制度进行粉饰和辩护，以帮助和支持这一社会的稳定发展，而把其社会中劳苦大众的不幸和悲惨说成是"上帝的意旨"。在资本主义社会，宗教是资产阶级控制被压迫群众的重要精神手段，为资产阶级维持其统治而发挥作用。恩格斯认为，在资产阶级掌权之后，宗教成为使被压迫民众"驯服顺从"的工具；资产阶级"现在比以往任何时候都更需要精神手段去控制人民，而一切能影响群众的精神手段中第一个和最重要的手段依然是宗教"。列宁指出："俄国资产阶级为了反革命的目的，需要复活宗教，唤起对宗教的需求，编造宗教，向人民灌输宗教或用新的方式在人民中间巩固宗教。"他同时还指出："所有一切压迫阶级，为了维持自己的统治，都需要两种社会职能：一种是刽子手的职能，另一种是牧师的职能。"这都说明了宗教是资产阶级维护其统治的手段和工具。

在人类历史的发展中，宗教不仅表现为统治阶级对内维护其统治的工具，也是帝国主义对外侵略和殖民扩张的工具。马克思在论证资本的原始积累时指出："即使在真正的殖民地，原始积累的基督教性质也是无可否认的。……英国议会曾宣布，杀戮和剥头盖皮是'上帝和自然赋予它的手段'。"恩格斯也曾指出："信教自由——这就是为了消灭波兰所需要的字眼。……就是这个俄国政府，却很快对波兰大肆攻击起来……俄国是完全不择手段的。……所有这一切都是在信教自由的名义下进行的。"后来列宁也指出："那些利用传教伪善地掩盖掠夺政策的人，中国人难道能不痛恨他们吗？"由此可见，无论是以英国为代表的近代殖民侵略扩张，还是西方列强对近代中国的殖民侵略，宗教都充当了帝国主义殖民侵略扩张的工具。

对于宗教的工具性，中国共产党也有清醒的认识。宗教从产生之日起，各种政治势力就把宗教当作一种重要手段，或者以宗教的名义来推行自己的政治意图和战略，宗教往往成为社会各种势力争取和利用的对象，在当今世界上，宗教更是为各派政治和社会力量所加紧利用；宗教可以成为强大民族推行扩张的精神手段，也可以成为弱小民族反抗强权的精神旗帜，当狭隘民族主义与宗教极端主义相结合时，就有可能产生很大的破坏力；国际敌对势力一直把民族宗教问题作为对社会主义国家及对他们不喜欢的国家进行遏制和颠覆的重要手段。因此，我们必须保持高度警惕，正视宗教的工具性，防止敌对势力利用宗教干扰中国特色社会主义事业的正常进行。

二、宗教对认识和改造生存环境有着阻碍作用

宗教就其本质而言，大都劝诫信众接受现实，而把自身的幸福寄托于来世或者天堂。这就决定了在阶级压迫的社会中，宗教可以成为统治阶级的有力工具。它要求人们接受现实中遭

受的苦难，不把这种苦难归于外部环境，不去努力改变外部环境，这往往容易让信众形成逆来顺受的特点，正是在这个意义上，马克思指出："宗教是被压迫生灵的叹息，是无情世界的心境，正像它是无精神活力的制度的精神一样。宗教是人民的鸦片。"在历史上，很多时候，宗教与世俗政权结合在一起，共同形成对被统治者的身心禁锢，维护统治者的利益。从这个角度来讲，宗教在很多时候其实是阻碍人们认识和改造生存的环境，即阻碍人们认识和改造自然环境和阻碍社会变迁。

宗教对认识和改造自然有着阻碍作用。宗教宣扬超自然的神主宰着自然界，人在自然界面前无能为力，只能祈祷神的恩赐。在一定意义上否定了人类认识世界及其规律的可能性，否定了改造世界的活动，从而削弱了人们认识自然和改造自然的积极性。宗教还阻挠社会变迁。一方面统治阶级宣扬"君权神授"，把自己说成是神的化身或代表，是依照天意统治人民，从而为其统治披上"神圣"的外衣；另一方面，他们又利用宗教对劳苦大众进行奴化说教，宣扬人间的一切都是神的安排，"生死由命，富贵在天"，是不可改变的，人们只能逆来顺受，不要反抗与斗争，并以其虚幻的允诺来麻痹群众的斗争和反抗意志，利用心理功能阻挠群众来争取实现其现实利益的政治行为，极力维护社会现状，阻挠社会变迁。

三、宗教阻碍科学的发展

科学求真，宗教求善，各自关注人类精神生活的不同方面。但是，在现实生活中，宗教与科学往往又成为一对矛盾，互相进入对方的领域。历史上，又以宗教对科学的影响更为常见。宗教强调神的不可挑战性，强调信仰，这恰好与科学求真务实，强调怀疑精神的思想特点产生了矛盾。人类发展过程中，科学的每一个重大发现都会对宗教中上帝的权威性、教义的真理性产生巨大的冲击。科学和宗教的冲突在欧洲中世纪达到鼎盛期。

在中世纪，罗马天主教日益壮大，在科学上，教会完全接受古希腊哲学家亚里士多德-托勒密的理性主义理论：认为宇宙由五十五个同心圆组成，中心是地球，向外分别是水、气、天空形体等原球，神在所有的圆球之外，对各圆球产生力，带动宇宙各圆球运转。与此同时，教会为了维护自己的统治地位与对人们的思想的控制，基督教神学发展成一种体系庞大，论证缜密的关于上帝的学问，即所谓的"经院哲学"，要求用人类的理性来证明上帝的存在及其伟大的力量。这样，在科学上，以实验观察为手段的现代科学方法也不能得以发展。在科学上，人们被套上了一个来源于亚里士多德-托勒密的科学"正统"学派的枷锁。即使对自然科学进行研究，倘若触犯了宗教神学，便要受到残酷镇压。这一时期，被监禁、烧死的科学家难以胜数。其中最著名的便是哥白尼和布鲁诺为日心说献身的例子。哥白尼的日心说将上帝拉回到了人间，而达尔文的进化论则挑战了作为基督教核心教义的"上帝创世说"。正因如此，宗教往往扮演了压制科学发展的角色，很多科学家因为坚持真理而献出自己的生命。恩格斯明确指出："在僧侣手中，政治和法学同其他一切科学一样，不过是神学的分支，一切都按照神学中适用的原则来处理。""科学只是教会的恭顺的婢女，它不得超越宗教信仰所规定的界限，因此根本就不是科学。"

四、宗教破坏地区稳定

宗教教派内部及教派之间的纠纷不断升级，个别地方教派之争有所抬头，为争夺正统地位或者经济利益，而不断发生不同派别信徒群众间的冲突，制造事端，甚至伤害人民，从而成为民族地区政治与社会不稳定的诱因。国外敌对势力过去曾利用宗教作为发动侵略战争的工具，如今，分裂势力和境外敌对势力仍然利用宗教对国家和民族进行渗透和破坏活动，严重影响社会稳定。"在当今世界上，宗教更是为各派政治和社会力量所加紧利用。一些国家和地区矛盾激烈、冲突不断，往往与民族问题、宗教问题卷在一起。当狭隘民族主义与宗教极端主义相结合时，就有可能产生很大破坏力。"这种情形在中国近几十年表现得非常突出。民族分裂分子和境外敌对势力一直把宗教当作一种重要的手段，以宗教的名义推行自己的政治意图和战略，实施"福音计划"，扬言要把"中国龙"变成"基督羊"。尤其是近几年来"藏独"和"疆独"分子在西藏和新疆制造的一系列破坏活动，就是最为典型的表现。他们打着民族、宗教的旗号，制造社会骚乱事件，妄图分裂祖国，搞西藏独立、新疆独立，这是祖国和人民所不能容忍的。

对于分裂分子和境外敌对势力利用宗教来破坏民族团结和社会稳定的情形，我们要保持清醒头脑，抑制宗教的消极因素，使宗教朝正常化渠道发展，国家要给宗教以适度空间，妥善处理好宗教带来的问题，时时刻刻勿忘宗教宽容。今天，经济政治全球化使宗教在世界范围内更广泛地传播，宗教相互交流的机会更加频繁，这为以宗教为载体而增进多民族和世界各国的文化交流、发挥宗教社会功能的积极性创造了条件。作为一种意识形态，它本身具有顽强的生命力，而且更具有文化价值。总之，在抵制宗教不良因素的同时，要试着发掘其更深层次的奥妙和价值。

综上所述，宗教的社会功能具有两重性，既有积极的一面，也有消极的一面，还会受到一定范围内存在的阶级斗争和国际上一些复杂因素的影响。对宗教问题处理得好，可以对社会发展和稳定产生积极作用，处理得不好，就会产生消极作用，甚至产生很大的破坏作用，在一定条件下也可能出现对抗性的问题。因此，我们要用马克思主义辩证法来看待宗教，辩证、科学地分析宗教问题，全面、客观地认识宗教的社会功能，为宗教在构建社会主义和谐社会中健康发展创造良好的社会条件，引导宗教在构建社会主义和谐社会中发挥积极作用，限制其消极作用，努力使宗教人士、信教群众积极参与社会主义和谐社会的构建。同时，宗教工作者应从构建社会主义和谐社会这个目标出发来正确认识宗教工作，准确理解并处理好宗教工作与构建和谐社会的关系，努力按照和谐社会的要求有针对性地开展宗教工作，使宗教成为构建和谐社会中能够发挥积极作用的力量。

第六章　无产阶级政党对待宗教
的态度和原则

　　无产阶级政党对待宗教的基本态度和原则是马克思主义宗教理论的一个很重要组成部分，具有很强的实践指导意义，其正确与否，不但直接关系到亿万信徒的信仰问题，而且还关系到国家的政治稳定和民族团结的大问题。如何对待宗教的态度和原则问题，不但是亟待解决的理论问题，也是一个敏感的，须谨慎对待的实际问题。无产阶级政党只有确立了正确的政治路线与思想路线，宗教工作在理论与实践上才能找到正确的方向。马克思主义宗教理论是马克思主义经典作家在特定的实践环境下，处理宗教工作的具体体现。因此，我们只有认真学习马克思主义宗教理论，才能既有利于提高自己对待宗教的态度，又利于团结宗教界人士，为维护社会稳定和社会主义现代建设贡献一份力量。

第一节　宗教与科学社会主义是对立的世界观

一、世界观

所谓世界观是指人们对外在世界的总体的根本的看法。因此世界观的基本内容就包括三大问题："这个世界是什么？""由何知？""如何知？"也就是本体论、认识论、方法论等所要解决的问题。这三个问题是十分古老和十分普遍的问题。所谓古老，就是从人成为人之后就提出了这些问题。所谓普遍，就是说不仅是智者、哲学家，或其他的各种"家"有这些问题并试图解决这些问题，而是所有的人都有这些问题并试图解决这些问题，因为在他们的生存过程中会很自然地提出这些问题。宗教和科学社会主义在对这个问题的回答上是对立的。

自上个世纪80年代以来，我国社会进入转型时期，由于这一转型过程十分复杂，思想界出现某种混乱，集中表现为对于世界观的迷惘和困惑。有人认为以"有限之物"不能讨论由"无限本体"所产生的宗教，认为"宗教是人类一切精神创造活动的动力和资源，哲学、科学、文学艺术和社会伦理都是由宗教派生出来的，并以宗教信念为依据才能发展"，还说"在宗教中，道、天、佛、真主等都是无限的本体"；认为唯物论和唯心论"作为一种科学的认识论和科学的方法论，很难说哪一种是绝对正确的，二者不过是分别强调了人的认识的被动接受和主动创造的两个侧面，到当代后者较前者更有合理性和合时代性"，判定唯物论以"食、色，性也"为人本只能产生享乐主义和拜金主义，认为"马克思主义理论不再是科学的宇宙观或世界观，无限宇宙的规律的描述，哲学无能为力，科学也难以解决，实在要送就送给不可知论或者送给宗教"，就是这种迷惘与困惑的代表。这种迷惘与困惑并不是新生物，只是过去的唯心论、心物二元论的抄袭版，并且比它们更为大胆，直接明确地宣称宗教为元（"元宗教"），神为"无限本体"，将哲学归结为神学。

事实上，为了澄清思想上的这种迷惘与困惑，马克思主义经典作家不止一次地宣布宗教是与科学社会主义的理论根本对立的思想体系，强调科学社会主义学说是建立在对社会历史发展客观规律科学认识的基础上的。要实现社会主义理想，只能用科学社会主义的真理去武装无产阶级，决不能用宗教幻想去玷污科学社会主义，把工人运动引入歧途。

二、宗教是一种颠倒的世界观

从宗教的产生、发展、本质的内容可以看出来，宗教是一种颠倒的世界观。宗教及宗教中的神、上帝、真主等，都是人对这个世界有一定认识之后的创作，是人的思想的产物，是人对于未知所作出的不解答的解答，是后天的，故既非元，也非本体，也就不能由它们来认识世界，相反，要从现实社会的发展现状才能获得对宗教的真实、全面的认识。

在阶级社会里，统治阶级都害怕被统治阶级的反抗，对被统治阶级的反抗采取残酷的镇压，这一点表现在宗教上，就是任何宗教的神都畏惧人成为神。普罗米修斯盗火给人，就被神捆绑在山岩上让鹰啄食其脏腑；为了报复人类，神又给人送去潘多拉的匣子。亚当偷食了智慧果，上帝就将他赶出伊甸园。希腊诸神，犹太教、天主教、基督教的上帝，伊斯兰教的真主，都是以人为奴的，人必须听命驯服，否则就要受到惩罚。这些观念稍加分析，就可以看到这是人群体中统治者观念的翻版。

佛教的状态有些特殊，它是对于印度教的叛逆。佛不是神而是修为极高的人，佛的信念是拯救众生，是"我不入地狱，谁入地狱"；佛要割肉饲鹰、舍身饲虎，这些都表明佛自身是人、是物。佛所说"四大皆空"，不是无物，而是将物视若空、视若无，以求消除一切欲念，献身拯救众生。虽然佛教的传人将佛神化，但是原旨依然留存。

我国的道教形成时期很晚，是为反抗统治者而设神设教。道教是一个十分复杂的混合体，既有我国古代人死而为神鬼的祖先崇拜观念，也有古代楚俗的东皇太一等作为自然掌管者的神的观念，也有我国民间巫祝的观念，也吸收了西方多神教和印度教的观念，这些都可以从《封神演义》中看到。至于后来以道家的老、庄及其哲学为祖宗和教义本源，多少有些"拉大旗作虎皮"的味道，而且离老、庄甚远。此后，道教逐渐削弱了反抗统治者的原旨，形成许多复杂的分支和派别，或以修身养性成仙为要道，或以幻术欺人，也在某些特殊情况下以反抗统治者为主旨。

宗教也会因社会状态的变化而变化。犹太教的上帝耶和华原为造物主，后变为以犹太人为选民的上帝，再变为万军之耶和华。耶稣对上帝进行了巨大的改造，成为爱世人，包括爱世人中被鄙弃的妓女和弱小的孩童的上帝，形成新的宗教。当它成为罗马帝国的国教天主教之后，却从耶稣倒退，与统治者合流，成为压迫人民的工具。宗教革命是应人民反抗压迫而发生的，表面上是回复到耶稣，但内涵已有变化。伊斯兰教源于犹太教，创教时间晚于耶稣，但从耶稣倒退，恢复了真主与人的主奴关系，也恢复了男人和女人的主奴关系。

三、科学社会主义是科学的世界观

科学社会主义作为科学的世界观，与宗教作为世界观有原则的区别。作为科学世界观的科学社会主义的主要内容包括：社会主义的指导思想、崇高的社会理想、社会发展的依靠力量、社会发展的方式和途径以及思想载体等。

（一）马克思主义是科学社会主义的指导思想

科学社会主义作为一种学说和思想体系，是马克思主义的重要组成部分。马克思创立的唯物史观和剩余价值学说是科学社会主义的两大理论基石，在此基础上，马克思科学地揭示了人类社会的发展规律，论证了社会主义代替资本主义的历史必然性。因此，科学社会主义在实践中始终坚持以马克思主义为唯一的指导思想，反对指导思想多元化。当然，以马克思主义为指导并不意味着把它当作教条，而是要根据实际情况创造性地加以运用。

（二）崇高的社会理想

科学社会主义坚持用社会主义制度代替资本主义制度，并认为实现共产主义是社会主义发展的最终目标。实现共产主义的前提条件是：物质财富极大丰富、人民精神极大提高、每个人自由而全面发展。

马克思主义产生以前，人们企盼过宗教的或世俗的"救世主"，但从来没有过人类解放科学理论的真正阐述者。中外历史上出现过很多关于人类解放、救世救民的思想家，在中国有持"大同"说、"小康"说的思想家，在西方有空想社会主义者，当今有各种各样的人道主义学派，都企图设计社会理想的道路，但他们都没有找到解放人类的切实途径。马克思、恩格斯在揭示人类社会发展一般规律的基础上，运用唯物史观分析资本主义社会产生、发展和衰落的历史趋势，不仅得出资本主义社会必然为更加美好的社会（这个更加美好的社会，马克思、恩格斯称为共产主义社会，共产主义社会第一阶级马克思称之为共产主义的"第一阶段"，列宁称之为社会主义社会）所代替的论断，而且指明了共产主义社会代替资本主义社会的阶级力量和革命道路。

共产主义社会是人类有史以来最美好、最进步的社会。共产主义理想不是乌托邦，不是凭空猜测，而是建立在马克思、恩格斯对人类社会历史发展规律，特别是资本主义社会基本矛盾运动规律的科学分析的基础之上，反映了历史发展的必然趋势。马克思主义崇高社会理想的确立，为无产阶级和人类的解放指明了奋斗的道路和前进方向，激励着全世界无产阶级团结起来，推翻资本主义制度，建立无产阶级专政，实现生产资料公有制，大力发展社会生产力，建设社会主义社会，并在此基础上，逐步创造条件，最终实现共产主义社会。

实现共产主义是人类历史上最伟大的事业，但又是十分艰巨的事业。马克思主义指出，共产主义是不脱离实际的学说，而是运动，是用实际手段来追求实际目标的最实际的运动。共产主义的实现要经历不同的阶段，在不同的国家、不同的历史阶段又有代表那个阶段最广大人民利益的奋斗纲领。我们共产党人必须坚持共产主义最高纲领和最低纲领的统一。实现共产主义一方面要求我们树立崇高的共产主义理想，坚定共产主义信念，为共产主义的远大理想而奋斗；另一方面，我们更要把实现共产主义的远大理想与各个不同阶段代表人民利益的奋斗目标结合起来，脚踏实地投身于现实的社会主义建设之中。

（三）无产阶级是社会发展的决定力量

科学社会主义不仅揭示了社会主义代替资本主义的历史必然性，而且指出了实现这一社会发展规律的社会力量——现代无产阶级。马克思科学地分析了无产阶级的历史地位和阶级特性，论证了无产阶级作为资本主义的掘墓人和社会主义的创造者的伟大历史使命，指出无产阶级是一个被锁链彻底缚住的阶级，无产阶级没有任何私利可图，无产阶级革命和自身的解放同社会发展的规律、人类的彻底解放的必然趋势是完全一致的。从这个意义上讲，科学社会主义实际上就是关于无产阶级解放的条件的学说，是关于无产阶级斗争的性质、条件以及由此产生的一般目的的学说。科学社会主义认为，一方面，工人阶级的解放应当是工人阶级自己的事情，应当由工人阶级自己去争取；另一方面，工人阶级如果不同时把整个社会从剥削、压迫和阶级斗争中解放出来，就不能争得自身的解放。换句话说，工人阶级只有解放全人类，才能最终解放自己。因此，在解放全人类的伟大事业中，工人阶级应当是领导阶级和主力军。科学社会主义还认为，工人阶级本身也在与时俱进。今天的工人阶级不仅包括从事体力劳动的蓝领工人，而且包括从事科技工作和一般管理工作的白领雇员。产业工人知识化和知识分子成为工人阶级的一部分，是工人阶级保持先进性的一个重要条件。

（四）革命是社会发展的方式

科学社会主义主张通过无产阶级反对资产阶级的阶级斗争，用革命方式，即彻底变革社会的方式推翻资本主义制度，建立社会主义制度。无产阶级革命的第一步就是使无产阶级上升为统治阶级，取得政权。取得政权既可以通过暴力革命的道路，也可以通过议会选举的道路，这取决于当时的社会条件和阶级力量对比。无产阶级上升为统治阶级后，必须对旧国家机器进行彻底改造，建立无产阶级专政性质的新政权，并根据具体条件循序渐进地实行生产资料社会化，改造资本主义生产关系，逐步建立和完善符合生产力发展要求的社会主义生产关系，不断解放和发展生产力，为将来向共产主义过渡创造条件。"革命是历史的火车头"是"社会进步和政治进步的强大推动力"。

社会革命在社会发展中的重要作用表现在：首先，社会革命是实现社会形态更替的重要手段和决定性环节。当旧的生产关系严重阻碍生产力，旧的上层建筑又极力维护经济基础时，必须通过社会革命这种手段来摧毁或扫除历史前进的障碍。其次，社会革命能充分发挥人民群众创造历史的积极性和伟大作用。由于社会革命代表了广大人民群众的根本利益，所以能够充分激发他们的革命热情和聪明才智。"革命是被压迫者和被剥削者的盛大节日。人民群众在任何时候都不能像在革命时斯这样以新社会制度的积极创造者的身份出现。"而且，社会革命还能够极大地教育和锻炼包括革命阶级在内的广大人民群众。最后，无产阶级革命将会为消除阶级对抗，并充分利用全人类的文明成果，促进社会全面进步而创造条件。正如马克思所预言的那样："只有在伟大的社会革命支配的资产阶级时代的成果，支配了世界市场和现代生产力，并且使这一切都服从于最先进的民族的共同监督的时候，人类的进步才会不再像可怕的异教神怪那样，只有用被杀害者的头颅做酒杯才能喝下甜美的酒浆。"

（五）无产阶级政党是科学社会主义的载体

作为科学社会主义载体的共产党是无产阶级政党，是工人阶级的先锋队组织。它以马克思主义为指导思想，由工人阶级的先进分子按照民主集中制原则组织起来，具有统一的意志和严格的组织纪律，是社会主义革命和建设的领导核心。

总之，科学社会主义以消灭资本主义制度，建立和不断完善社会主义制度，并最终实现共产主义为历史使命，是资本主义社会的掘墓人和社会主义、共产主义新社会的建设者。但是，科学社会主义和宗教虽然作为思想体系是相互对立的，但是它们在实践中并非一定要相互敌视、势不两立。这两种思想体系的载体——共产党和宗教团体完全可以和平共处、求同存异，坚持"政治上团结合作，信仰上互相尊重"的原则。

第二节　立足于宗教自身发展规律解决宗教问题

马克思、恩格斯在反对将社会主义和宗教结合的同时，也坚决反对用"左"的做法对待宗教。宗教的消亡有其客观规律，不可人为地消除它，只能立足于宗教自身发展规律解决宗教问题。

一、宗教的消亡有其客观规律

宗教作为一种社会历史现象同其他社会现象一样，也是一个历史范畴，而不是永恒的事物。正如在一定的历史条件下宗教的产生是不可避免的一样，在宗教存在的条件逐步消除以后，宗教的消亡也是不可避免的，宗教的存在和发展有其深刻的自然根源、认识根源、社会根源和心理根源，只要这些根源还存在，宗教就不可能消亡。这也是由宗教本身的客观规律决定的。但是，宗教消亡是一个长期的历史过程，只有在宗教赖以存在的各种根源消除以后，宗教才能消亡。马克思主义认为，宗教最后消亡的条件主要有两条，一是人与人之间的关系极明白而且合理；二是人与自然的关系极明白而且合理。因此，只有到物质文明和精神文明高度发达，人们能够自觉地以科学的态度对待世界，对待人生，再也不需要向虚幻的神的世界去寻求精神寄托的时候，也就是马克思、恩格斯所说的全部社会生活都处于人的有意识有计划的控制之下，摆脱一切异己力量支配的时代，即"谋事在人，成事也在人"的时候，也就是共产主义实现以后，现实世界的各种宗教反映才会最后消失。

普列汉诺夫根据社会存在决定社会意识的原则，认为只有从社会现实的基础出发，才能找到宗教消亡的条件。普列汉诺夫明确指出："人类的进步给宗教观念和宗教感情宣布了死刑判决"；"随着经验的扩大，随着人支配自然的能力的增长，不可知的事物的界限就缩小了，因为当人能够不靠祈祷而靠技术来发生影响时，他就不再祈祷。""当人感觉到自己是自然界和自己的社会关系的主人的时候"，对宗教的需求就会完全消失了。据此，可以把普列汉诺夫认为迫使宗教不断缩小影响和控制范围以至最后完全消亡的因素主要归结为三个方面：生产力的增强、社会关系的调整和改变、认识领域的扩大。普列汉诺夫认为："整个思想体系，归根到底都是经济发展的结果。宗教也是这样。"所以他特别重视人类生活的物质条件对宗教观念的影响。"物质生活条件的变化，首先在于原始人的生产力的增长，换句话说，在于人对自然的控制能力的加强。而这种能力的加强，改变着人对自然的态度。"他举例说，当原始人用犍牛犁田和用马驾车的时候，他们就很难倾向于把自己比作动物了。而当人意识到自己比动物优越并把自己同动物对立起来时，图腾崇拜就必然地消失了。社会存在决定宗教意识。宗教作为一种意识形态和上层建筑，尽管讲的是天国和来世，但是归根结底根源于物质的经济事实之中；而在阶级社会中，经济关系表现为阶级关系。普列汉诺夫根据宗教历史发展精辟地指出，随着资产阶级限制王权的愿望，就产生了"自然宗教"和自然神论的倾向；随着资产阶级夺取政权的愿望，就产生了视宗教如寇仇的唯物主义。当然，"在社会主义制度下，对超自然力量的信仰就找不到立足之地了。"普列汉诺夫进一步指出，如果有人像卢克莱修那样热情洋溢地赞扬伊壁鸠鲁消除了信神的害处，那么只能存在着两种情况："或者是说这些话的人敌视现存的社会制度，或者是他坚信这个制度牢不可破，并认为没有必要用'精神武器'来保卫它。"

普列汉诺夫多次指出，既然宗教建立在无知的基础上，是无知者的世界观，那么，人类的认识领域越广阔，宗教信仰的领域就越狭小。普列汉诺夫还幽默地说："一旦人吃了有害的'智慧树'上的果子，他就不是那么容易地受谎言的影响了。即使他还是按照旧习惯继续相信神的万能，但他的信仰已经具有了另一种性质：神已退到世界舞台的后面，具有永恒不变的铁一般的规律的自然界已居于首位了。"懂得了自然界不变规律的人们如何对待宗教中的奇迹故事呢？他们不得不否定这些故事。

普列汉诺夫还谈到科学在宗教消亡中的作用。他说："人们只有发现各种现象的有规律的联系，才能增强自己对于自然界的控制力。对自然现象的自然观点，根本排斥万物有灵论观点。"对于一个文明的人来说，对现象的万物有灵论的解释的意义随着他掌握科学工作成果的程度而日渐缩小。他进一步指出："许多人所以还相信精灵和超自然实体的存在，是因为他们由于种种原因不能克服那些妨碍他们树立科学观点的障碍。当这些障碍消除掉的时候（一切迹象表明，这将是社会进化的事情），超自然的观念就会消失的无影无踪。"

毛泽东对待宗教消亡长期性观点的具体论断是对马克思主义宗教观关于宗教消亡问题的重大发展。1952年9月9日毛泽东在审阅时任中共中央西北局第二书记的习仲勋《在新疆省第二届党代表会议上的报告》时指出："宗教的消灭，只有在人类消灭了阶级并大大发展了控制自然和社会的能力的时候，才有可能。"这个"大大发展了控制自然和社会的能力的时候，才有可能"，耐人寻味，同马克思、恩格斯和普列汉诺夫关于宗教的消亡条件确有异曲同工之妙。

　　社会主义制度的建立，消除了宗教的阶级根源，但宗教的其他社会根源、认识根源、自然根源和心理根源依然存在。在社会主义初级阶段，这些根源还比较突出。主要表现为物质文明、精神文明、政治文明、生态文明和党的建设水平不高，其中任何一因素都有可以把弱势群体推向宗教的怀抱。如果物质文明建设没有搞好，出现一大批弱势群体、困难群众，他们有很多的失落感，就会到宗教中去寻找救助。如果政治文明建设没有搞好，一些有思考精神的忧国忧民的知识分子，甚至科学家，就会感到他们的理想和愿望没有实现的渠道，就会到宗教那里去寻找寄托和心灵的慰藉。如果精神文明建设没有搞好，思想政治工作老是空洞的说教，文化教育工作还是僵化的管理模式，人民群众的困惑和苦恼不能很好地得到回答，这就给宗教扩大影响提供了最广泛的空间。如果生态文明建设没有搞好，就会加剧人与自然的矛盾，使人们产生对大自然的敬畏。如果党的建设没有搞好，党群关系紧张，基层党的组织软弱涣散，一些干部腐败堕落，甚至横行霸道、欺压百姓，群众自然会倒向宗教。所以说，五大建设，即物质文明建设、政治文明建设、精神文明建设、生态文明建设和党的建设，都要把宗教工作纳入

其中，列入议事日程，要倾全党之力来抓宗教工作。因此，
"我们解决宗教问题的根本途径只能是发展社会主义的物质
文明和精神文明。逐步地消除宗教赖以存在的根源。也就是
说，必须把经济建设搞上去，必须提高人们的科学文化素
质。经济建设搞不上去，人们的科学文化素质提不高，就宗
教论宗教是解决不了问题的。"由于宗教扎根于现实的物质
生活条件之中，欲从根本上解决宗教问题，就应做到既不是
人为地去消灭宗教，也不能局限于在观念领域和宗教进行斗
争，而应立足于从消除宗教赖以存在的根源上下功夫。因
此，无产阶级政党始终把立足于经济发展和社会全面进步作
为解决宗教问题的长远之计和上策。这就要求我们对宗教问
题的处理要立足长远，不能急于求成，犯急性病和"左"的
错误。

二、在社会主义运动中禁止用行政命令对待宗教

就理论而言，马克思主义宗教观揭示了宗教产生、发展
和消亡的客观规律，认为宗教的产生和存在具有自然根源、
社会根源、认识根源和心理根源，只有宗教赖以存在的外部

根源全部消失后，宗教才可能消亡。而要达到这样的状态，需要相当漫长的历史过程，在此之前，人们只能遵守宗教自身的规律，不能以"左"的观点和方式对待宗教，否则，只能是激起人们对宗教的感情，加强他们的信仰，阻碍了宗教的消亡。因此，决不可采取行政命令禁止宗教的原则，是马克思主义创始人马克思、恩格斯从宗教产生、发展和消亡的客观规律出发，为马克思主义政党制定的一条对待宗教问题的基本政策原则之一。

针对法国布朗基派流亡者，认为宗教是为封建统治阶级服务的，憎恨之情流于行为，主张用法令来取消神的这种极"左"做法，"在公社中没有神父的位置，一切宗教宣传和宗教组织都应遭到禁止。"马克思、恩格斯严肃地指出，布郎基主义者在无神论方面比所有人都激进，强制人们信仰无神论，实际上是阻碍了无神论思想的发展。1876年，小资产阶级空想社会主义者杜林，鼓吹未来的共产主义要取消一切膜拜，必须除去宗教魔术的一切道具的谬论。恩格斯运用历史唯物主义的观点，在分析宗教的产生、发展、消亡的规律后尖锐地指出："杜林先生不能静待宗教这样自然地死掉。他颁布了严厉的五月法令，不仅反对天主教，而且也反对一切宗教；他唆使他的未来的宪兵进攻宗教，以此帮助它殉教和延长生命期。"恩格斯还指出，用取缔的手段对待宗教信仰，只能起到相反的作用。他说："取缔手段是巩固不良信念的最好手段！有一点是毫无疑义的：在我们时代能给神的唯一效劳，就是把无神论宣布为强制性的信仰特征并禁止一切宗教来胜过俾斯麦的关于文化斗争的反教会法令。"为了正确解决社会主义运动过程中的宗教问题，列宁高度评价了恩格斯对待极"左"行为的批判态度。在《论工人政党对宗教的态度》中，列宁再次重申了恩格斯对布郎基主义者和杜林极"左"观点的批判，并明确指出："大声疾呼向宗教宣战是一种愚蠢的举动，这样的宣战是提高人们对宗教的兴趣，妨碍宗教真正消亡的最好手段。"

毛泽东对马克思列宁主义这一重要政策思想全面继承下来并有所发展，早在1927年，毛泽东在《湖南农民运动考察报告》中反对代庖丢菩萨，就是从这样的认识出发的，他说："菩萨是农民立起来的，到了一定时期农民会用他们自己的双手丢开这些菩萨，无须旁人过早地代庖丢菩萨。共产党对于这些东西的宣传政策应该是：'引而不发，跃如也。'菩萨要农民自己去丢，烈女祠、节孝坊要农民自己去摧毁，别人代庖是不对的。"1953年3月8日，毛泽东在给达赖的复信中说："只要人民还相信宗教，宗教就不应当也不可能人为地加以取消或破坏。最为典型的论述是毛泽东1957年2月27日在最高国务会议第十一次（扩大）会议上作《关于正确处理人民内部矛盾的问题》的重要讲话，讲话中指出的"企图用行政命令的办法，用强制的方法解决思想问题，是非问题，不但没有效力，而且是有害的。我们不能用行政命令去消灭宗教，不能强制人们不信教。不能强制人们放弃唯心主义，也不能强制人们相信马克思主义。凡属思想性质的问题，凡属人民内部的争论问题，只能用民主的方法去解决，而不能用强制的、压服的方法去解决。""对待人民内部的思想问题，对待精神世界的问题，用简单的方法去处理，不但不会收效，而且非常有害。在这里，毛泽东不仅指出了用强制压服办法的极端有害性，而且还根据我国社会主义历史时期的具体国情提出了正确处理人民内部矛盾的有效方法，这是对马克思列宁主义这一政策原则的新的发展。

总之，以行政力量消灭宗教的企图，只能提高人们对宗教的兴趣，妨碍宗教真正的消亡。可以说，宗教走向最终消亡可能比阶级、国家的消亡还要久远。

第三节　宗教对国家的关系同对无产阶级政党关系的差异原则

一、宗教信仰对国家来说是私人事情

马克思主义之所以认为"宗教对国家来说仅仅是私人事情"，这是由于在马克思主义者看来，人们的宗教信仰问题属于世界观的问题、意识形态方面的问题，是属于思想范畴内的认识问题。"宗教对国家来说仅仅是私人事情"的理论价值与实践作用主要体现在政教分离、宗教信仰自由两个方面。

（一）政教分离原则

政教分离原则是指宗教对国家来说是个人私事，国家不予干涉，但宗教亦不能干预行政、司法、教育、婚姻等社会事务。

"政教分离"的提出，源于近代资产阶级反对封建统治和基督教相勾结。由于资产阶级和以往的统治阶级一样，也需要利用宗教作为自己统治的手段，未能真正实现"政教分离"。从历史上看，宗教往往要依靠政权的力量排斥异己，从而求得自己的生存和发展，而统治阶级为了维护自己的统治，也往往要利用宗教这股社会力量，并以此作为愚弄群众的一种精神工具。在这个过程中，他们既要利用宗教和教派之间的矛盾，又要人为地挑起宗教与教派间的纷争，达到为其所用的目的。其他各种政治势力也往往要利用宗教实现自己的政治目的。但要清醒地看到，无论是宗教染指政治，或是政治插手宗教，其负面作用都是很大的。而科学社会主义提出了比资产阶级内容更丰富、更深刻的"政教分离"原则。

早在1844年，马克思、恩格斯就曾说过："当国家摆脱了宗教并且让宗教在市民社会范围内存在时，国家就从宗教下解放出来了，同样，当单个的人已经不再把宗教当作公事而当作自己的私事来对待时，它在政治上也就从宗教下解放出来了。"马克思、恩格斯还高度评价了巴黎公社采取的"政教分离"原则，说它摧毁了僧侣势力，使学校和科学摆脱了教会的束缚，"一切学校对人民免费开放，不受教会和国家的干涉。这样，不但学校教育人人都能享受，而且科学也摆脱了阶级成见和政府权力的桎梏。"在《1891年社会民主党纲领草案批判》中，他们更是明确了政教分离内容：

　　"教会和国家完全分离。国家无一例外地把一切宗教团体视为私人的团体。停止用国家资金对宗教团体提供任何补助，排除宗教团体对公立学校的一切影响。"1902年，列宁在此基础上指出，要使"政教分离"原则有宪法保证。强调俄国社会民主工党主要任务是在民主宪法基础上建立共和国，并且民主宪法应该保证"教会同国家分离，学校同教会分离"。1911年他在《纪念公社》中再次高度评价巴黎公社实行过的宗教政策："公社宣布教会同国家分离，取消了宗教预算（即国家给神父的薪俸），使国民教育具有纯粹非宗教的性质，这就给了穿裟裟的宪兵以有力的打击。"国家不应当同宗教发生关系，宗教团体不应当同国家政权发生关系。在公民中间，完全不允许因为宗教信仰的差异而发生权利不一样的现象，在国家的正式文件里应当根本取消关于公民有什么宗教信仰的任何记载。

　　国家既不干预宗教事务，也不给予经济支持，宗教的正常活动经费由宗教组织自行解决。1848年，马克思、恩格斯指出："彻底实行政教分离，各教派牧师的薪水一律由各个自愿组织起来的宗教团体支付。"列宁也认为，决不应当把国家的钱补贴给国家教会和宗教团体，这些宗教团体应当是与国家政权无关的志同道合的公民联合会。列宁认为，只有彻底实现这些要求，才能结束过去那种教会像农奴般的依赖于国家。

进入社会主义社会，人们从阶级压迫下解放出来，宗教信仰真正成为公民个人的事情，从而体现出"宗教对国家来说仅仅是私人事情的原则"。宗教的运行发展绝对不依靠社会主义的国家政权，社会主义国家政权也绝对不能被用来制止某种宗教，只要它是正常的宗教信仰和宗教活动。同时，一切宗教只有在有限的范围内进行活动，不得打着各种幌子来干预政治，干预政府事务，包括司法、教育、婚姻、计划生育等，宗教活动也必须在维护四项基本原则的前提下进行。公民在行使宗教信仰自由权利的同时，必须履行自己的义务，任何人不得利用宗教反对党的领导和社会主义制度，危害国家统一、社会稳定和民族团结，不得损害社会、集体和人民的利益，妨碍其他公民的合法权利。任何人不得利用宗教干预国家行政、司法、学校教育和社会公共教育，不得利用宗教进行妨碍义务教育实施的活动，不得恢复已被废除的宗教、封建特权和压迫剥削制度，从而真正实现"政教分离"、"宗教与教育相分离"，体现出"宗教对国家来说仅仅是私人事情的原则"。

需要加以区分的是，政教分离，并不意味着广大教徒和宗教界人士可以不问政治和不参与政治，恰恰相反，他们作为国家的主人，享有与其他不信教的公民建设国家和管理国家事务同等的权利。宗教是一种颠倒的世界观，属于思想认识问题，不能以颠倒的世界观来指导国家事务，而宗教界人士是国家公民，有参与国家事务的权利和义务。所以，我们根据"宗教对国家来说仅仅是私人事情的原则"而实行的"政教分离"，并不排除宗教界人士参与国家大事的协商和管理。宗教界代表人士也和其他各界代表人士一样，参加各级人大、政协，在国家事务中发挥着相应的作用，党和政府在制定宗教方面的政策、法律时，都特别注意征求宗教界的意见。平时，各宗教团体和宗教界代表人士经常给政府各有关部门反映宗教界的要求，提出建议，并及时得到政府有关部门的协调与帮助。但也并不意味着宗教信徒和宗教团体享有超越国家宪法和法律的任何特权，国家对宗教信徒及其组织的宗教活动和宗教事务可以放任不管。而是说，公民有选择信仰宗教的自由权利，对此，国家不予干预。国家既不能以行政的手段去压制和取缔某种宗教和教派，也不能以行政的手段去推行某种宗教和教派；反过来，任何人也不得利用宗教来干预国家权力的行使。

我们根据"宗教对国家来说仅仅是私人事情的原则"而实行的"政教分离"、"宗教与教育分离"，不是指政治与宗教的脱离。社会主义现代化是我们当前最大的政治，因为它代表着人民的最大利益、最根本的利益，是全国人民共同的目标、共同的利益，也可以说是共同的政治。社会主义现代化建设是一个系统工程，具有涉及社会生活的方位全、层次多、领域宽、人员广等特点，需要集思广益，就需要社会各界人士的共同参与，当然也离不开宗教界人士的参与。为了保证现代化建设的顺利进行，每个团体和个人，包括宗教团体和每个信教群众，都要做到四个维护，即"维护法律尊严、维护人民利益、维护民族团结、维护国家统一"，从而为社会主义现代化建设创造一个稳定的社会环境，为共同创建"人间天堂"做出应有的贡献。

（二）宗教信仰自由政策

对国家而言，宗教信仰是公民个人的私事，具体体现为信仰自由。这是无产阶级政党对待宗教的基本政策之一。无产阶级政党之所以坚定不移地贯彻执行宗教信仰自由政策，既是服从于党的中心任务和保护人民群众基本权利，也是把宗教信仰问题看作是公民的私事。

宗教作为一种意识形态，是一个历史范畴，它是人类社会发展到一定阶段的历史现象，有它发生、发展和消亡的客观过程，并且遵循自身发展的规律，这是不以人的意志为转移的。因此，对待人们的宗教信仰就要按照宗教的发展规律，不能以人们的主观愿望来处理宗教问题。只要还有人信仰宗教，就必须坚持实事求是的原则，不能采取不承认态度。无产阶级政党代表广大人民群众的根本利益，除了代表他们的政治利益、经济利益，也包括要尊重他们精神上信仰宗教的自由权利。要尊重和保护公民宗教信仰自由的权利，就必须采取正确的政策去对待和处理宗教问题，而要尊重和保护公民信仰自由的权利，就要尊重公民个人的信仰意愿，使得公民个人完全可以自由选择。公民有选择信仰宗教或不信仰宗教的自由和权利，也可以根据自己的意愿选择适合自己的宗教信仰，国家不能进行干涉和加以限制，而这个原则上升到党对待宗教问题的基本政策上就是宗教信仰自由的政策，换言之，宗教信仰自由政策的实质，就是要使宗教信仰真正成为公民个人自由选择的事情，对于国家来说，宗教信仰只是个人的私事。

宗教信仰自由，本质上是欧洲资产阶级在反封建、反宗教的斗争中首先提出来的，这一主张得到了马克思主义经典作家的继承和发展。

马克思、恩格斯根据无产阶级革命斗争的需要，从工人和农民的利益出发给予了新的阐释。为了驳斥鲍威尔认为的犹太人要想获得政治解放，就必须放弃信仰犹太教的观点。马克思引用法国《人权宣言》中关于信仰自由的规定指出："在人权这一概念中并没有宗教和人权互不相容的含义，相反，信奉宗教、用任何方式信奉宗教、履行自己特殊宗教的礼拜的权利，都被明确列入人权。信仰的特权是普遍的人权。"宗教信仰是人的基本权利，也是人权的一般表现，宗教和人权没有矛盾之处。在《哥达纲领批判》中，马克思还阐述了信仰自由的内容，并且区分了资产阶级的信仰自由和无产阶级信仰自由的不同，"信仰自由，每个人都应当有可能实现自己的宗教需要，就像实现自己的肉体需要一样，不受警察干涉。资产阶级的'信仰自由'不过是容忍各种各样的宗教信仰自由而已，而工人党却力求把信仰从宗教的妖术中解放出来"。

列宁对马克思主义政党所实行的宗教信仰自由作了充分说明。在列宁时代，欧洲各国，除了俄国和土耳其以外，都逐步在政策上实现了宗教信仰自由。封建专制主义的沙皇俄国却还顽固地坚持着中世纪教权主义的法律。东正教仍是居于统治地位的国家宗教，不信东正教而信其他宗教的人受到法律上的歧视，没有宗教信仰自由和平等权利。结束这种不公正的状况，争取宗教信仰自由，乃是当时俄国革命的一项内容。早在1895年，列宁在社会民主党纲领草案的说明中就明确提出"宗教信仰自由，所有民族一律平等"的主张。1903年，列宁在《给农村贫民》一文中，一方面揭露了沙皇俄国宗教信仰不自由的可耻状况，另一方面又具体说明了社会民主党关于宗教信仰自由的内容。"社会民主党要求每个人都有充分的信仰自由的权利。……每个人不仅应该有相信随便哪种宗教的完全自由，而且应该有传布随便哪种宗教和改信宗教的完全自由，哪一个当官的都管不着谁信的是什么教，这是个人信仰的问题，谁也管不着，不应该有什么'占统治阶级地位的'宗教和教会。一切宗教，一切教会，在法律上都应该是平等的，……社会民主党人就是为了这些在进行斗争，在这些办法还没有无条件实现以前，人民就一直要因为信教问题而受到可耻的警察的迫害，也免不了对某一种宗教实行同样可耻的警察的袒护。"1905年列宁又在《社会主义与宗教》一文中把"不承认任何宗教"，做一个"无神论者"作为"宗教信仰自由的补充内容。任何人都有充分自由信仰任何宗教，或者不承认任何宗教，就是说，像通常任何一个社会主义者那样，做一个无神论者。在公民中间，完全不允许因为宗教信仰而产生权利不一样的现象"。列宁关于宗教信仰自由的具体主张，在无产阶级进行的民主主义革命和社会主义革命的过程中，成了动员和团结各民族和各种宗教信仰者争取民主和自由，反对封建专制制度，反对资产阶级专政的武器；十月革命胜利后，则成了苏维埃社会主义国家正确对待和处理宗教问题的基本政策。从十月革命胜利到1924年1月列宁逝世的6年中，列宁领导苏联共产党和苏维埃国家制定了一系列的宗教政策，保障公民的宗教信仰自由，改造旧式的教会组织，推行政教分离，逐步把宗教生活和宗教组织纳入苏维埃国家法制的正常轨道。需要特别指出的是，为了使少数民族迅速从沙俄民族沙文主义的各种奴役（包括宗教歧视）下解放出来，列宁和斯大林共同签发的《俄罗斯各族人民权利宣言》郑重宣布：废除任何民族的和民族宗教的一切特权和限制。又在《告俄罗斯和东方全体穆斯林劳动人民书》中郑重宣布：今后，你们的信仰和习惯，你们的民族和文化机关都被宣布为自由的和不可侵犯的。

宗教信仰自由政策不仅体现为个人的信仰自由，也包括宗教与宗教之间是平等的关系。我国各种宗教不受外国势力的支配，实行独立自主、自办和自治、自养、自传的原则。宗教信仰自由政策是一项根据中国实际情况和宗教存在的客观规律而制定的、符合人民利益的政策。毛泽东结合中国的实际情况，对宗教信仰自由政策原则作了全面发展。1945年4月，他在党的七大所作的《论联合政府》的报告中明确指出："人民的言论、出版、集会、结社、思想、信仰和身体这几项自由，是最重要的自由。在中国境内，只有解放区是彻底地实现了。"在谈到少数民族问题时，他说："他们的语言、文字、风俗、习惯和宗教信仰，应被尊重。"在谈到解放区的任务时，他说："根据信教自由的原则，中国解放区容许各派宗教存在。不论是基督教、天主教、回教、佛教及其他宗教，只要教徒们遵守人民政府法律，人民政府就给以保护。信教的和不信教的各有他们的自由，不许加以强迫或歧视。"1947年2月1日，他在《迎接中国革命新高潮》一文中特别强调了："解放区内，除汉奸分子和反对人民利益而为人民所痛恨的反动分子外，一切公民不分阶级、男女、信仰、都有选举权和被选举权。"1952年10月8日，毛泽东在接见西藏致敬团时指出："共产党对宗教采取保护政策，信教的和不信教的，信这种教或别种教的，一律加以保护，尊重其信仰，今天对宗教采取保护政策，将来也仍然采取保护政策。"1953年3月8日，毛泽东写信答复达赖喇嘛的来信时说："西藏的宗教和在国内其他地方的宗教一样，已经受到尊重和保护，并且还将继续受到尊重和保护。"从毛泽东上述论述中，可以清楚地看到，他在继承马克思列宁主义关于马克思主义政党实行宗教信仰自由政策时，还进一步提出了要不分宗教信仰，公民的权利是完全一致的，不仅要实行宗教信仰自由政策，还要对合法的宗教实施保护政策，这些都是毛泽东在这一政策原则问题上的重大发展。

随着我国国际交往的日益扩大，宗教界的对外友好往来也日益发展，成为国际民间友好往来的一个重要方面。全面贯彻党的宗教信仰自由政策，依法管理宗教事务，坚持独立自主自办的原则，积极引导宗教与社会主义社会相适应，加强信教群众同不信教群众、信仰不同宗教群众的团结，发挥宗教在促进社会和谐方面的积极作用。

二、无产阶级政党是彻底的无神论者

宗教对国家来说，是个人的私事，即是就公民的信仰而言的。但是宗教对无产阶级政党来说，则不是个人的私事。无产阶级政党是用马克思主义科学革命理论所武装的，是彻底的无神论者。因此，无产阶级政党的马克思主义信仰和宗教的有神论在世界观上是对立的，无神论宣传应服从于党的总任务。

（一）无产阶级政党信仰马克思主义

无产阶级政党是无产阶级的政治代表，是以争取、维护无产阶级利益，以实现共产主义为最终目标的政治组织，是唯物主义的不信神的马克思主义政党。它由无产阶级先进分子所组成，是工人阶级中最忠诚、最有觉悟的部分，是工人阶级的核心、先锋队和战斗指挥部，是工人阶级实现其伟大历史使命的先进部队。它坚持以马克思主义理论作为指导思想，坚持以民主集中制为组织原则。因此宗教作为一种传统的社会意识，不能成为无产阶级先进分子的信仰，无产阶级的先进分子应信仰先进的社会意识，即应信仰马克思主义。

马克思主义经典作家坚持无产阶级政党的成员不能信仰宗教，不可将宗教与社会主义、共产主义相等同或相混合。马克思恩格斯曾坚决反对"基督教就是共产主义"之说，他们指出："克利盖是在共产主义的幌子下宣传陈旧的德国宗教哲学的幻想，而这种幻想是和共产主义截然相反的信念，即对'共性的圣灵'的信念，这正是共产主义为求本身实现时最不需要的东西。"恩格斯在分析"圣经里有些地方可以做有利于共产主义的解释"时亦强调"圣经的整个精神"乃与"共产主义""截然对立"。列宁也曾表示："我不能，也不想同那些鼓吹把科学社会主义和宗教结合起来的人交谈。"列宁在宗教与政党关系上强调无产阶级政党不能认为宗教是私人的事情，在思想领域必须坚定立场、坚持原则。他指出，"就国家而言，我们要求宗教是私人的事情，但就我们自己的党而言，我们无论如何也不能认为宗教是私人的事情。""我们的党是争取工人阶级解放的觉悟的先进战士的联盟。这样的联盟不能够而且也不应当对信仰宗教这种不觉悟、无知和愚昧的表现置之不理。我们要求教会与国家完全分离，以便用纯粹的思想武器，而且仅仅是思想武器，用我们的书刊、我们的言论来跟宗教迷雾进行斗争。对我们来说，思想斗争不是私人的事情，而是全党的、全体无产阶级的事情。"

中国共产党是中国革命和建设的组织者和领导者，是中国的执政党，继承马克思列宁主义的关于宗教和政党关系的相关理论，也主张共产党员不能信仰宗教。如果共产党员信仰宗教，不论信仰何种宗教，都势必将政体制度导向政教合一。政教合一的政体，是一种将政权和神权合二为一的政治制度。从人类社会的发展演进来看，政教合一制度作为古代国家或地区政权体制的模式之一，曾在世界不少地区实行并给后世留下残酷、黑暗的深刻印记，尤以中世纪的欧洲政教合一制度为大家所熟知。可以认为，中世纪1000多年的漫长历史进程中，欧洲社会发展基本处于停滞状态。所以，以政教分离和自由民主为特点的西方当代文明，是长期反对西方政教合一制度的产物。如果党员信教，就势必成为某一种宗教势力的代言人，一些地方将出现宗教徒管党的宗教工作的现象，利用政府资源助长宗教热，也不可能平等地对待每一个宗教，党的宗教工作将从根本上动摇。当前有的地方党政领导把宗教作为获取经济利益和提高本地知名度的工具，视为工作"业绩"，争相滥修大佛和寺庙，热衷大规模宗教活动，人为助长宗教热，而对宗教事务依法管理、对宗教团体的教育引导根本不当回事，导致混乱现象蔓延。这种现象的出现，与一些党员干部放弃辩证唯物主义世界观甚至成为事实上的宗教徒是密不可分的。简言之，如果允许党员信教，将使我们党从思想上、组织上自我解除武装，从一个马克思主义政党蜕变为一个非马克思主义政党，也就根本谈不上继续领导中国特色社会主义伟大事业。

中国共产党坚持以马克思主义作为自己的行动指南，党的全部理论、思想和行动都是建立在辩证唯物主义世界观基础之上的。只有在这个基础上，才谈得上掌握马克思主义理论体系，才谈得上用马克思主义指导中国革命和建设的实践。由此，也就决定了党员不能赞同唯心主义、不能信仰宗教成为中国共产党一项基本的思想和组织原则，而这一原则在不同历史时期都为我们党所强调，并明确写在党的重要文件中。1940年，毛泽东同志在《新民主主义论》中指出："共产党员可以和某些唯心论者甚至宗教徒建立在政治行动上的反帝反封建的统一战线，但是决不能赞同他们的唯心论或宗教教义。"1982年，在邓小平同志领导下制定的中共中央文件《关于我国社会主义时期宗教问题的基本观点和基本政策》指出："我们党宣布和实行宗教信仰自由的政策，这当然不是说共产党员可以自由信奉宗教。党的宗教信仰自由的政策，是对我国公民来说的，并不适用于共产党员。一个共产党员，不同于一般公民，而是马克思主义政党的成员，毫无疑问地应当是无神论者，而不应当是有神论者。我们党曾经多次作出明确规定：共产党员不得信仰宗教，不得参加宗教活动，长期坚持不改的要劝其退党。这个规定是完全正确的，就全党来说，今后仍然应当坚决贯彻执行。"1990年，江泽民同志在与全国宗教工作会议代表座谈时指出："宗教世界观与马克思主义世界观是根本对立的。共产党人是无神论者，共产党人的世界观应该是马克思主义的世界观。共产党员不但不能信仰宗教，而且必须要向人民群众宣传无神论、宣传科学的世界观。"2002年，《中共中央、国务院关于加强宗教工作的决定》指出："共产党员不得信仰宗教，要教育党员、干部坚定共产主义信念，防止宗教的侵蚀。对笃信宗教丧失党员条件、利用职权助长宗教狂热的要严肃处理。"2006年，胡锦涛同志在全国统战工作会议上的讲话中指出："我们中国共产党人是无神论者，不信仰任何宗教。"在2010年第五次西藏工作座谈会和2010年新疆工作座谈会上，胡锦涛同志都重申要坚持共产党员不能信教。

正是在马克思主义世界观的指引下，我们党才能领导人民依靠自己的力量推动社会的革命、进步和发展，而不是去追求虚幻的天国和来世；才能在中国革命、建设、改革的实践中不断深化对客观世界的认识，用科学的理论指引亿万人民新的实践；才能实现全党在思想、理论、组织上的高度统一，保持和提高党的创造力、凝聚力、战斗力。

在马克思主义经典作家的视域中，无产阶级政党与宗教显然有着本质的区别，二者之间有着政治立场上的不同，会产生思想上的斗争。不过，这种思想斗争仍需服从无产阶级政党的基本任务和社会主义、共产主义事业的大局，而不可人为地扩展其斗争的范围和影响。

（二）宗教工作要服从无产阶级政党的基本任务

无产阶级政党在领导工人阶级争取社会主义胜利的斗争中，必然面临着同各种消极势力作斗争，自然包括同宗教作斗争的问题，宗教斗争同党的工作的总任务的关系问题。宗教问题到底应占多大的比重，放在什么地位，马克思主义的基本态度是要把同宗教的斗争同消灭产生宗教的社会根源的具体实践联系起来，被压迫阶级为创立人间天堂而进行的这种真正革命斗争的一致，要比无产者关于天堂的意见的一致更为重要。所以决不能把宗教问题提到它所不应有的首要地位，决不能把群众间的宗教分野置于政治分野之上。如果这样做，就会分散真正革命的力量，分散劳动群众队伍，破坏革命队伍在政治上的团结一致。

马克思、恩格斯多次指出，要把对宗教的批判转向对国家政治和法的批判，通过消灭私有制度来消灭宗教存在的根源。马克思在《〈黑格尔法哲学批判〉导言》中一针见血地指出："废除作为人民幻想的幸福的宗教，也就是要求实现人民的现实的幸福。要求抛弃关于自己处境的幻想，也就是抛弃那需要幻想的处境。因此，对宗教的批判就是对苦难世界——宗教是它的灵光圈——的批判的胚胎。"列宁认为，要把同宗教的斗争同消灭产生宗教的社会根源的阶级运动的具体实践联系起来，他在《社会主义和宗教》中指出："在我们看来，被压迫阶级为创立人间的天堂而进行的这种真正革命斗争的一致，要比无产者关于天堂的意见的一致更为重要。"

马克思列宁主义这种处理宗教问题服从党的基本任务的原则在中国共产党这里得到了很好的继承与发展。毛泽东对宗教问题的很多论述和所有做法都是从中国革命和建设任务的需要出发，在民主革命时期他第一个提出了在反帝反封建的基础上，共产党人和宗教徒可以而且应当建立政治上的同盟问题；新中国成立以后，毛泽东更是从中国各民族的大团结和统一出发，对广泛团结宗教界，特别是广泛团结少数民族宗教界的上层人士做了大量的工作，1955年2月24日，达赖和班禅为庆祝藏历木羊年新年在中南海举行盛大宴会，毛泽东等领导人应邀出席，毛泽东在致词中说："我们大家应当努力，进一步加强和巩固汉、藏民族间以及藏族内部的团结，共同建设我们伟大的祖国。"尊重少数民族中民族宗教上层领导人，增强民族间的大团结，其目的就是为了共同建设我们伟大的祖国。毛泽东在革命和建设的伟大实践中，从理论到行动都全面继承和发展了马克思列宁主义处理宗教问题服从党的基本任务的原则。

改革开放以后，中共中央在（1991）6号文件中指出："今后一个时期，党和政府对宗教的工作的基本任务是：认真贯彻党的宗教政策，维护公民宗教信仰自由的权利，加强对信教群众和宗教界人士的爱国主义和社会主义教育，调动他们的积极因素，支持他们开展有益的工作，巩固和发展同宗教界的爱国统一战线，依法对宗教事务进行管理，制止和打击利用宗教进行违法犯罪活动，坚决抵制境外宗教敌对势力的渗透活动，为维护稳定、增进团结、统一祖国、振兴中华服务。"发挥宗教界人士和信教群众在促进经济社会发展中的积极作用，关键是要把党的宗教工作基本方针贯彻好、落实好。要全面贯彻党的宗教信仰自由政策，坚持依法管理宗教事务，坚持独立自主自办，坚持积极引导宗教与社会主义社会相适应，鼓励我国宗教界发扬爱国爱教、团结进步、服务社会的优良传统，支持他们为民族团结、经济发展、社会和谐、祖国统一多做贡献。

文件还指出在处理一切宗教问题时的根本出发点和落脚点："必须是使全体信教和不信教的群众联合起来，把他们的意志和力量集中到建设现代化的社会主义强国这个共同目标上来。"要加强信教群众工作。做好信教群众工作是宗教工作的根本任务。要坚持以人为本，最大限度地把信教群众团结起来，把他们的智慧和力量凝聚到实现全面建设小康社会、加快推进社会主义现代化的共同目标上来。要坚持政治上团结合作、信仰上互相尊重，努力使宗教界人士和信教群众在拥护中国共产党的领导和社会主义制度、热爱祖国、维护祖国统一、促进社会和谐等重大问题上增进共识。要真心实意关心信教群众，特别是生活困难的信教群众，帮助他们解决实际困难，组织和支持他们积极发展生产、改善生活、勤劳致富，使信教群众切实感受到党和政府的关怀和温暖。

还指出了解决宗教问题的唯一正确的根本途径："只能是在保障宗教信仰自由的前提下，通过社会主义物质文明和精神文明的逐步发展，逐步地消除宗教得以存在的社会根源和认识根源。"

总之，在社会主义初级阶段，党就从基本任务、根本出发点和落脚点、解决途径三方面规定了对待宗教的基本态度和方针。既指明了对待宗教工作的方向是为"维护稳定、增进团结、统一祖国、振兴中华服务"，同时也要依法对宗教事务进行管理。这是中国共产党把马克思主义的宗教理论与中国社会主义现代化建设相结合的一个伟大创举。

第四节 进行科学无神论的宣传教育

一、科学无神论的实质

批判宗教、反对有神论，这是所有无神论的共同任务。马克思主义的科学无神论无疑也是以此为己任的。但是，马克思主义的科学无神论不是一个消极的思想体系，不能把它的实质简单归结为单纯否定宗教观点，它的首要任务乃是形成科学的唯物主义世界观，并用它来说明宗教、有神论产生、发展和必然消亡的规律，以及通过革命最终建立无宗教社会，这才是科学无神论的实质方面，这也是它与局限于批判宗教、进行反宗教宣传的旧无神论的区别所在。可见，科学无神论的宣传比起单纯的反宗教宣传具有更彻底、积极的意义。由于无神论的宣传、教育在无产阶级政党动员、组织劳动群众同宗教迷雾斗争，帮助他们形成科学的世界观，从而自觉地为获得经济上、政治上以至思想上的解放而进行的斗争中具有重要意义，也是无产阶级政党根据不同民族、不同时期的宗教影响的现状，把形成科学无神论思想看成是使无产阶级获取革命的自我意识的必要前提。

二、加强科学无神论的宣传

有神论和无神论是人们的意识对"支配着人们日常生活的外部力量"的不同反映，二者相比较而存在，相互斗争而发展，是属于认识范畴。要坚持无神论，必须破除有神论，也只有破除了有神论，才能真正做到崇尚科学，坚持无神论。破除有神论，不是一件轻而易举的事，它必然会困难多多，阻力重重，有神论与无神论是一对孪生姐妹，有着共同的母亲。要想使人们的认识从有神论上升到无神论的高度，必须要进行无神论思想的宣传，帮助人们提高认识水平，从而自觉地增强自我意识。而要进行科学的无神论宣传，就得有科学的宣传方法。

（一）要充分发挥舆论导向作用

正确价值观的确立，良好社会风尚的形成，离不开舆论力量的倡导和推动。要充分发挥报刊、广播、电视和互联网等大众传媒的独特优势，积极运用言论评论、理论文章、通讯报道、专家访谈、群众讨论等多种形式，大力宣传马克思主义唯物论，积极倡导科学知识、科学思想、科学精神和科学方法，宣传"以崇尚科学为荣，以愚昧无知为耻"的深刻内涵，褒扬高尚品德，鞭挞不良行为，帮助广大群众增强辨别唯物论与唯心论、无神论与有神论、科学与迷信、文明与愚昧的能力。正确的道德、价值观念，只有被人民群众普遍接受、理解和掌握，并转化为社会群体意识，才能为大多数成员自觉遵守和奉行，形成良好的社会风尚。就科学来讲，当它变成一种只为科学界少数人所掌握的知识时，对于社会的正常发展是不利的，因为社会大多数人无法利用自己的理智和知识来进行他们日常的决策；同时，科学只为少数人掌握，不被大多数人所理解，对科学本身发展也是非常不好的，因为大众无法把科学和愚昧迷信分开，也就不会使科学的东西在全社会推广。因此，要在全社会深入普及科学知识，要充分发挥舆论导向作用。通过座谈、讲座、知识竞赛、图片展览等形式，运用宣传栏、公益广告、手机短信等方式，普及科学知识，传播科学思想，倡导科学方法，弘扬科学精神，进一步在全社会营造崇尚科学文明、反对迷信愚昧、抵制各种歪理邪说的良好氛围，使人民群众学会科学思维，远离愚昧无知。

（二）无神论的宣传要将当前性和长远性结合起来

宗教的存在具有长期性，就决定了无神论的宣传也具有长期性。无神论宣传要注意当前性和长远性相结合。从当前性来看，要大力宣传各级党员干部的先锋模范作用。党员不能信仰宗教，是因为我们党是以马克思列宁主义、毛泽东思想、邓小平理论和"三个代表"重要思想作为自己的行动指南，这一性质要求党员必须树立马克思主义的科学世界观，做一个彻底的无神论者。我们党的思想理论基础是辩证唯物

主义和历史唯物主义的科学世界观，这一世界观的根基就是
要坚持物质第一性、意识第二性这一根本立场，反对包括宣
扬超自然、超人间的力量决定万事万物的有神论在内的鼓吹
精神第一性、精神决定物质的唯心主义。

中国共产党自成立之日起，始终代表着中国先进生产
力的发展要求，代表着中国先进文化的前进方向，代表着中
国最广大人民的根本利益。"以崇尚科学为荣、以愚昧无知
为耻"，是我们共产党人思想道德修养的基本标准，是我们
每个同志都应牢固树立的荣辱观。广大党员干部尤其是领导
干部，只有坚持高尚的追求和健康的情操，把心思用在经济
和社会事业的科学发展上，把精力用在为广大人民群众谋取
利益上，努力学习现代科技以及历史、法律、经济等各种科
学知识，才能确立科学精神，增强科学意识，不断提高领导
水平和执政水平，提高拒腐防变和抵御风险的能力。这就要
求注重宣传各级党组织加强党的思想建设，党员干部树立坚
定的马克思主义信仰，不搞封建迷信，不求神拜佛，率先垂
范，在全社会营造文明和科学的社会环境，把无神论的宣传
同群众性的精神文明创建活动紧密结合起来，使文明和科学
观念深入人心，在全社会形成崇尚科学破除迷信的良好舆论

氛围。

从宗教具有的长期性来看，要坚持不懈地对广大群众，特别是青少年进行无神论的教育。理论和事实都说明，任何人都不是天生的无神论者，也不是天生的有神论者。成为无神论者，是后天教育的结果。树立科学无神论的世界观，必须进行教育和宣传。需要指出的是，科学无神论教育和宣传的对象，不是针对宗教信仰者，更不是要求人人都成为无神论者。宣传无神论，是全面贯彻执行宗教信仰自由政策的有机组成部分，并不妨碍贯彻执行党的宗教信仰自由政策。一面尊重宗教信仰者的信仰，一面向不信仰宗教的广大人民群众宣传科学无神论，这是我们党的一贯原则，也是党的宗教信仰自由政策的具体体现。人民群众是社会历史的主力军，是社会财富的创造者和社会变革的决定力量。"人民，只有人民，才是创造世界历史的动力"。但人民群众创造历史的活动要受到一定社会历史条件的制约，其中，精神文化条件就是制约人民群众创造活动的重要因素之一。一定历史时期的人们总是自觉不自觉地受着一定社会的思想文化传统和意识形态的影响。消极落后的文化意识会削弱人民群众创造历史的作用，而先进的科学文化和思想道德对人民群众的创造活动起积极的促进作用。因此，要不断地用科学知识武装人民群众的头脑。当今世界，科学知识更新的速度越来越快，科学知识转化为生产力的频率越来越高，科学的力量对于财富的剧增，对于历史进程的推动，从来没有像今天这样强劲。要树立马克思主义的科学世界观，真正战胜愚昧迷信和伪科学，必须提高科学文化水平，增强科学文化素养。只有不断地用现代科学知识武装人民群众的头脑，才能不断削弱有神论对群众的影响，才能更好地贯彻落实科学发展观，实现跨越式发展，创造物质财富和精神财富，改善人民生活，增强综合国力，全面建成小康社会。

无神论宣传的重点对象是青少年。因为青少年是一个特殊重要的人群。青少年是国家和民族未来的主人，国家的前途、民族的命运寄托在他们身上。他们的世界观直接关系到未来社会的发展趋势和命运。而青少年又是世界观形成的重要时期。帮助青少年树立正确的、科学的无神论的世界观，对于他们终生的思想道路，具有特殊重要的意义；对于提高整个国家的精神素质，同样具有特殊重要的意义。

帮助青少年树立科学无神论世界观，不仅需要艰苦耐心的工作，也需要多方面的知识和修养。如果不对他们进行有关的教育，就有可能在有神论的进攻面前成为俘虏。在进行无神论宣传教育时，要以正面科学知识宣传为主，各种媒体要多制作适合青少年听众、观众收听收看的科普知识类节目，进行正确的荣辱观、价值观教育，防止不当节目对青少年产生负面影响。科学知识的普及、荣辱观、价值观教育的主阵地在学校。要把社会主义荣辱观教育作为推进青少年素质教育的基础性工作，纳入学校德育工作的全过程，渗透到学校教育的各个方面、各个环节。要把"以崇尚科学为荣，以愚昧无知为耻"的基本要求，体现到大中小学的政治理论课和思想品德课教材之中，充实相关学科的教学内容。要根据不同年龄阶段学生的认知水平、行为能力和心理特点，科学规划荣辱观、价值观教育的具体内容，改进教学方式方法，增强教育的吸引力和感染力，培育青少年的社会荣誉感和道德羞耻心。同时，要把树立社会主义荣辱观作为师德建设的重要内容，引导广大教师"学为人师，行为世范"，用自己的模范言行影响和带动学生。同时辅之以反面的事例进行教育，使青少年认识到宗教和邪教的非科学性、反社会性和反人类性，从而自觉地远离有神论。因此，保护青少年的身心健康，高度重视对青少年进行科学无神论的宣传和教育，对普及科学文化知识，提高国民的素质和培养社会主义的"四有"新人具有重要作用，也是民族的希望所在。

（三）进行无神论宣传教育要注意方法

进行无神论的宣传教育，既要慎重宣传的内容，也要注意宣传教育的方法。一个良好的方法，会使得宣传教育的效果达到最佳。

第一，要严格遵守党和政府的宗教政策。

进行无神论宣传教育时，不要到宗教活动场所去宣传无神论，更不能在信教群众中开展有神无神的辩论，在书籍报刊上发表有关无神论或涉及宗教内容的文章、作品，一定要采取严肃慎重的态度，既不允许违背党和政府现行的宗教政策，不能伤害信教群众的宗教感情；也不允许渲染宗教，或利用宗教歪曲历史，损害国家统一和民族团结。

第二，不能抽象地进行无神论宣传。

无神论宣传要想取得理想的效果，就一定要与社会主义物质文明和精神文明紧密联系在一起，要服从和服务于党的中心任务。要善于用唯物主义观点说明群众中的信仰和宗教的根源，无神论的宣传应该同消灭产生宗教的社会根源的具体实践结合起来，而不能抽象地提出反宗教斗争的问题。